Berechtigung

und

äußere Befugniß

nach Preußischem und gemeinem Recht.

Von

Julius Ebbecke,
Amtsrichter.

Berlin und Leipzig.
Verlag von J. Guttentag
(D. Collin).
1884.

Druck von Troitzsch & Ostertag in Berlin.

Inhaltsübersicht.

		Seite
§ 1.	Aeußere Befugniß des Besitzers	6
§ 2.	Aeußere Befugniß gegenüber einer persönlichen Verpflichtung	16
§ 3.	Aeußere Befugniß des im Grundbuch Eingetragenen	34
§ 4.	Aeußere Befugniß im Verkehr mit Forderungen	45
§ 5	Aeußere Befugniß im Erbrecht	70
§ 6.	Aeußere Befugniß in Vertretungsverhältnissen	73
	Nachtrag zu S. 49 und Berichtigung	91

Der Gegensatz zwischen Berechtigung und äußerer Befugniß ist ein allgemeiner, das ganze Rechtsgebiet des Privatrechts beherrschender. Er wird besonders praktisch in allen Vertretungsverhältnissen. Sehr häufig giebt hier das Gesetz dem Vertreter nach außen hin eine viel weiter gehende Vollmacht, als ihm durch den Willen der Vertretenen ertheilt ist. So ist z. B. dem zur Vertretung der offenen Handelsgesellschaft überhaupt befugten Gesellschafter durch das Gesetz (Art. 114 u. 116 H.G.B.) die Befugniß eingeräumt, Dritten gegenüber alle Arten von Geschäften und Rechtshandlungen Namens der Gesellschaft mit Rechtswirksamkeit vorzunehmen, auch wenn in Wirklichkeit der Umfang seiner Befugnisse ein beschränkter ist. Diese Beschränkung des Umfangs der Befugnisse hat, wie Art. 116 H.G.B. sagt, dritten Personen gegenüber keine rechtliche Wirkung. Man pflegt hier von einer Scheidung des inneren und äußeren Rechtsverhältnisses zu sprechen (siehe z. B. v. Gerber, System des deutschen Privatrechts, 10. Auflage § 196 und § 291 Note 5 am Ende). Es dürfte jedoch angemessener sein, diesen Gegensatz als den zwischen Berechtigung und äußerer Befugniß oder äußerer Legitimation zu bezeichnen. Denn in Wirklichkeit hat der Gesellschafter nur dasjenige Recht zur Vertretung der Gesellschaft, welches ihm von der Gesellschaft verliehen ist; wenn ihn gleichwohl das Gesetz aus besonderen Zweckmäßigkeitsgründen (trotz fehlender Berechtigung) nach außen hin für befugt erklärt, in einem weiteren Umfange die Gesellschaft zu vertreten, so kann man in einem solchen Falle passend, gerade um klarzustellen, daß eine Berechtigung nicht vorhanden ist, von einer äußeren Befugniß reden. Zur Bezeichnung des Gegensatzes [1]) könnte man auch die Ausdrücke Berechtigung und Legitimation gebrauchen. Der Ausdruck Legitimation ist jedoch vieldeutig, er wird häufig als ganz gleichbedeutend mit Berechtigung gebraucht (so von Thöl, Handelsrecht 6. Auflage, § 225 Note 7), häufig auch in dem Sinne,

[1]) Man kann den Gegensatz auch durch die Worte „materielles Recht" und „formelles Recht" bezeichnen. Nur dürfte letzterer Ausdruck etwas zu unbestimmt sein.

daß Jemand vorläufig bis zum Nachweise des fehlenden Rechts durch den Gegner als vermuthlich Berechtigter ein Recht in Anspruch nehmen kann, in welchem Sinne z. B. davon gesprochen wird, daß der im Grundbuch als Eigenthümer Eingetragene aktiv und passiv als Eigenthümer legitimirt ist, und soll deshalb hier vom Gebrauch des Ausdrucks Legitimation abgesehen werden.

Anwendungsfälle des Gegensatzes zwischen Berechtigung und außerer Befugniß finden sich auch fast in allen anderen Rechtsverhältnissen. Man denke beispielsweise an die Befugniß des Besitzers, welcher nicht Eigenthümer ist, durch Veräußerung der Sache dem Dritten Eigenthum an derselben zu verschaffen, an die Befugniß des im Grundbuch als Eigenthümer Eingetragenen, durch Auflassung dem Dritten ein wegen mangelnden Eigenthums des Auflassenden unanfechtbares Eigenthum zu gewähren, an die Befugniß des Cedenten einer Forderung, trotz der erfolgten Abtretung Zahlung von dem Schuldner mit einer diesen befreienden Wirkung anzunehmen, an die Befugniß des Besitzers oder als Eigenthümer im Grundbuch Eingetragenen, Sachen frei von den auf denselben haftenden Lasten zu übertragen, an die Befugniß des Forderungsberechtigten, die ihm zustehende Forderung frei von den der Forderung anhaftenden Einreden abzutreten, an die Befugniß des auf Grund einer Erbbescheinigung als Erbe Legitimirten, rechtswirksam über die Erbschaft zu verfügen u. s. w.

Alle diese verschiedenen Fälle haben das Gemeinsame, daß im Interesse des Verkehrs dem Verfügenden nach außen hin eine Befugniß zugestanden wird, welche er in Wirklichkeit nicht hat. Wenn dem besitzenden Nichteigenthümer die Befugniß zur rechtswirksamen Veräußerung zugesprochen wird, so geschieht dies nicht im Interesse des Besitzers, sondern nur zur Begünstigung des redlichen Erwerbers. Wenn der Cedent einer Forderung für befugt erklärt wird, von dem Schuldner sich Zahlung leisten zu lassen, so geschieht dies lediglich zum Schutze des Schuldners, welcher von der erfolgten Cession nicht unterrichtet worden ist und der deshalb auch gar nicht in der Lage war, sich dem mit dem Anspruche auf Zahlung gegen ihn auftretenden früheren Gläubiger gegenüber wirksam vertheidigen zu können. Daß der Dritte, zu dessen Gunsten dem Verfügenden die äußere Befugniß ertheilt ist, bei Eintritt in das Rechtsgeschäft in gutem Glauben sich befindet, ist übrigens nicht immer erforderlich. Häufig wird von diesem Erforderniß ganz abgesehen, um den Verkehr durch Abschneidung der über die Frage, ob der Erwerber als gutgläubig anzusehen ist oder nicht, entstehenden Streitigkeiten in erhöhtem Maße zu schützen. Doch gilt auch hier der Grundsatz, daß dann, wenn zwischen dem Verfügenden und dem Dritten ein betrügerisches Einverständniß (Kollusion) obgewaltet hat, die äußere Befugniß dem Dritten nicht zu Statten kommt, und insofern wird auch hier das Fehlen der Schlechtgläubigkeit, wenigstens des höchsten Grades der Schlechtgläubigkeit, vorausgesetzt. Eine solche Schlechtgläubigkeit liegt vor, wenn der Verfügende die ihm formell gewährte äußere Befugniß absichtlich zu dem Zwecke benutzt, um materiell eine Benachtheiligung für denjenigen, in dessen Rechte eingegriffen wird, herbeizuführen, und der Dritte bei Eintritt in das Rechtsgeschäft von dieser Absicht Kenntniß hat. Ob der Verfügende hierbei aus Eigennutz handelt, oder ob derselbe, ohne einen eigenen Vortheil zu erstreben, blos von der Absicht sich leiten läßt, dem Berechtigten Schaden zuzufügen, ist für den Begriff der Kollusion ohne Bedeutung, wenn schon dieser Umstand für den Beweis der Kollusion von Wichtigkeit sein kann. Abgesehen von diesem allgemeinen Grundsatz, welcher ausnahmslose Geltung hat, lassen sich keine allgemeine Regeln für die Lehre von der äußeren Befugniß aufstellen, namentlich auch darüber nicht, ob das Bewußtsein von der benachtheiligenden Wirkung der Rechtshandlung der Benachtheiligungsabsicht gleichsteht, ob der Dritte, der bei Anwendung der gehörigen Aufmerksamkeit von dem Nichtrecht des Verfügenden hätte Kenntniß haben können, als schlechtgläubig anzusehen ist,[2]) ob der unentgeltliche Erwerb dem Erwerb in schlechtem Glauben gleich zu behandeln ist u. s. w. Alle diese Fragen sind in den verschiedenen Rechtsverhältnissen verschieden geregelt und können nur bei der Besprechung der einzelnen Rechtsverhältnisse ihre Beantwortung finden. Auch darüber herrscht Verschiedenheit, ob die äußere Befugniß ausnahmsweise dann in Fortfall kommt, wenn der durch Gewährung der äußeren Befugniß für den Berechtigten herbeigeführte Rechtsverlust für diesen, der gegen den Verlust in keiner Weise sich hat schützen können, eine unbillige Härte sein würde.

Der Gegensatz zwischen Berechtigung und äußerer Befugniß kommt bereits im römischen Recht vor, namentlich bei der actio institoria,

[2]) Regelmäßig wird derjenige, der bei Erwerb des Rechts einen so hohen Grad von Nachlässigkeit und Unachtsamkeit sich hat zu Schulden kommen lassen, daß diese Nachlässigkeit als eine gewissenlose bezeichnet werden darf (culpa lata dolo proxima), die Begünstigung des redlichen Erwerbers nicht für sich in Anspruch nehmen dürfen. Doch gilt dieser Satz nicht ausnahmslos.

welches Rechtsverhältniß überhaupt im römischen Recht von freieren Grundsätzen beherrscht wird. Immerhin sind die Anwendungsfälle im römischen Recht nur vereinzelte, und kann dies auch nach der ganzen Grundanlage des römischen Rechts, welches im Interesse der Sicherheit und Einfachheit des Rechts bestrebt ist, einen Rechtssatz in seiner vollen logischen Konsequenz ohne Rücksichtnahme auf besondere Ausnahmeverhältnisse durchzuführen, nicht auffallend erscheinen. Dagegen hat der Gegensatz zwischen Berechtigung und äußerer Befugniß im modernen Recht eine große Bedeutung erlangt. Dies hängt zusammen mit der im modernen Recht hervortretenden Neigung, dem guten Glauben eine größtmögliche Begünstigung zu Theil werden zu lassen. Es geschieht dies einmal in der Weise, daß man zu Gunsten des gutgläubigen Mitkontrahenten den in der Willenserklärung zur äußeren Erscheinung gebrachten Willen, ohne das dem Andern nicht erkennbare Fehlen des inneren Willens oder die verborgenen Mängel des vorhandenen Willens zu beachten, als verbindlich ansieht[3]) (siehe über diese in der neueren Doktrin viel behandelte Frage besonders Bähr, über Irrungen im Kontrahiren in Iherings Jahrbüchern Bd. XIV S. 393—427 und andererseits auch Windscheid „Wille und Willenserklärung"; vergl. jetzt auch Leonhard: „Der Irrthum bei nichtigen Verträgen nach römischem Rechte"), und sodann in der

[3]) In Zusammenhang mit diesem Bestreben, auf die äußerliche Erkennbarkeit des Willens Werth zu legen, steht auch die Entwicklung, welche die Lehre von den stillschweigenden Willenserklärungen im modernen Recht genommen hat. Man stellt jetzt die Regel auf, daß das Stillschweigen dann als Zustimmung anzusehen ist, wenn der Stillschweigende nach Lage des Falles, um Dritte nicht zu täuschen, als ehrlicher Mann verpflichtet gewesen wäre, seine Nichtzustimmung ausdrücklich zu erklären. Aus dieser Auffassung heraus hat sich im modernen Recht der Grundsatz ausgebildet, daß der Geschäftsherr, der wissentlich duldet, daß ein Anderer ohne Vollmacht fortgesetzt seine Geschäfte für ihn besorgt, oder bei Abschließung der Geschäfte die ihm ertheilte Vollmacht überschreitet, aus den von diesem eingegangenen Rechtsgeschäften dem Dritten als Vollmachtgeber verhaftet wird, wenn nämlich nach der äußeren Stellung des Geschäftsführers der Dritte vernünftigerweise annehmen mußte, daß dessen Geschäftsführung nicht ohne Billigung des Geschäftsherrn stattfinden könne und wenn nach den Grundsätzen von Treu und Glauben von dem Geschäftsherrn zu verlangen war, daß er gegen den unbefugten Geschäftsführer, um Dritte nicht täuschen zu lassen, einschreiten mußte. Diese Befugniß des Geschäftsführers, den Geschäftsherrn wirksam zu verpflichten, kann leicht als ein Fall der äußeren Befugniß angesehen werden; sie ist jedoch nicht hierher zu rechnen, da sie in den besonderen Grundsätzen der Lehre von den stillschweigenden Willenserklärungen ihre Rechtfertigung findet.

Weise, daß man zu Gunsten des redlichen Erwerbers dem äußerlich in Erscheinung tretenden Dasein des Rechts, ohne Rücksicht darauf, daß in Wirklichkeit eine Berechtigung nicht vorhanden ist oder die Berechtigung nur eine eingeschränkte, beziehentlich bei Forderungen nur eine mit Einreden behaftete ist, dieselben Wirkungen wie dem Recht beilegt und hierdurch eine äußere Befugniß des Verfügenden schafft. Dem Schutze des gutgläubigen Erwerbers kann außerdem dadurch Rechnung getragen werden, daß das Gesetz von vornherein die Entstehung beziehentlich Fortdauer einer Berechtigung an äußere Formen knüpft, welche diese Berechtigung erkennbar werden lassen, wie z. B. das Pfandrecht an beweglichen Sachen nach preußischem Recht durch den Besitz der Pfandsache, der Erwerb von Grundeigenthum im Fall einer freiwilligen Veräußerung nach dem preußischen Gesetze vom 5. Mai 1872 durch die auf Grund der Auflassung erfolgte Eintragung des Eigenthumsüberganges im Grundbuch bedingt ist. Die hierher gehörigen Bestimmungen scheiden aus dem Kreise der gegenwärtigen Erörterung aus, da diese nur die Darstellung der im Interesse des Verkehrs angenommenen äußeren Befugniß zum Gegenstande hat. Auf die Ausbildung dieser äußeren Befugniß hat namentlich das Bestreben der neueren Gesetzgebung, im Interesse der Erhöhung des Realkredits — welchem Zwecke die Einrichtung des mit öffentlichem Glauben versehenen Grundbuchs dient — und im Interesse der Begünstigung des Handels- und Wechselverkehrs den grundbuchmäßigen, beziehentlich handelsrechtlichen oder wechselrechtlichen Erwerb möglichst unanfechtbar zu machen, großen Einfluß ausgeübt.

Bei dem grundbuchmäßigen Erwerb ist es die Eintragung im Grundbuch, welche die äußere Befugniß verleiht. Auch sonst ist es immer ein äußerlich erkennbares Verhältniß, an welches die äußere Befugniß sich anknüpft, so der Besitz, die in einer Urkunde enthaltene Feststellung des Rechtsverhältnisses, das von einer Behörde ertheilte Attest, die früher bestandene Berechtigung, die an sich vorhandene Berechtigung, der gewöhnliche Umfang einer Vollmacht, die landesübliche oder ortsübliche Geltung eines bestimmten Güterrechts und dergleichen. In der nachfolgenden Erörterung sollen die einzelnen Anwendungsfälle der äußeren Befugniß nicht getrennt nach diesen verschiedenen Legitimationsgründen behandelt werden, was leicht die Uebersichtlichkeit beeinträchtigen könnte, sondern sollen die in den einzelnen Rechtsverhältnissen vorkommenden Fälle der äußeren Befugniß zusammenhängend und zwar in folgender Reihenfolge dargestellt werden: Aeußere Befugniß des Besitzers, äußere Befugniß gegenüber einer persönlichen Verpflichtung, äußere Befugniß des im Grundbuch Eingetragenen, äußere Befugniß im Verkehr mit Forderungen, äußere Befugniß im Erbrecht und äußere Befugniß in Vertretungsverhältnissen.

Der hier unternommene Versuch, eine möglichst vollständige Zusammenstellung der einzelnen im geltenden preußischen und gemeinen Recht vorkommenden Erscheinungsformen der äußeren Befugniß zu geben, wird die große Reichhaltigkeit der einzelnen Erscheinungsformen erkennen lassen und wird vielleicht dazu beitragen helfen, daß der Gegensatz zwischen Berechtigung und äußerer Befugniß, welcher Gegensatz wohl im allgemeinen Theile des Privatrechts einer besonderen Hervorhebung werth wäre, in seiner umfassenden Bedeutung gewürdigt[4]) und daß durch die Einsicht in den systematischen Zusammenhang der einzelnen Anwendungsfälle auch für den Ausbau der einzelnen Lehren ein praktischer Gewinn erzielt wird.

§ 1.
Aeußere Befugniß des Besitzers.

Das Gesetz giebt dem nichtberechtigten Besitzer in vielen Fällen die äußere Befugniß, rechtswirksam über eine Sache zu verfügen. Diese Befugniß ist in zweierlei Beziehungen anerkannt, einmal in der Beziehung, daß der Besitzer befugt ist, dingliche Rechte an der Sache zu begründen, welche durch entgegenstehende dingliche Rechte nicht beschränkt sind.

Dem römischen Recht ist eine derartige äußere Befugniß vollständig unbekannt (abgesehen von der ganz singulären Bestimmung, daß beim Erbschaftsvermächtniß die Veräußerung von Erbschaftssachen zu Gunsten des redlichen Erwerbes gültig sein soll, wenn auch der Erbe von Auferlegung des Erbschaftsvermächtnisses, z. B. weil nach Vorschrift des Erblassers das dieses anordnende Codicill erst nach dem Tode des Erben eröffnet werden soll, ohne seine Schuld keine Kenntniß hat haben können. l. 89 § 7 D. de leg. II.). Dasselbe bleibt hier

[4]) Wie wenig der Gegensatz zwischen Berechtigung und äußerer Befugniß vielen Schriftstellern geläufig ist, sieht man z. B. aus der Ausführung von Thöl (in § 223 seines Handelsrechts) bei der Lehre vom Inhaberpapier, wo sich folgende Bemerkung findet: „Das Gläubigersein ist nicht zu spalten. Wer in Wirklichkeit Gläubiger ist, der ist dem Schuldner gegenüber der Gläubiger und ist auch Jedermann gegenüber Gläubiger".

streng auf dem Standpunkt stehen, daß der Verfügende nicht mehr Rechte übertragen kann, als er selbst hat. Dagegen hat im preußischen Landrecht und im Handelsgesetzbuch die äußere Befugniß des Besitzers eine große praktische Bedeutung erlangt. Diese Lehre findet ihren historischen Ausgangspunkt in dem Grundsatze des älteren deutschen Rechts, wonach der den Besitz einer Sache freiwillig entäußernde Eigenthümer diese Sache nur von dem ersten Empfänger, nicht von dem dritten Besitzer zurückfordern kann (Hand muß Hand wahren), an Stelle welchen Grundsatzes allmählich das in rechtssystematischer Hinsicht gänzlich verschiedene Prinzip getreten ist, daß der redlich erworbene Besitz im Interesse der Verkehrssicherheit geschützt werden müsse.

Die einzelnen hierher gehörigen Bestimmungen des preußischen Landrechts sind folgende:

Nach der Vorschrift des § 42 I. 15 L.R.[5]) ist derjenige, der eine Sache bei öffentlichen (nicht blos gerichtlichen) Versteigerungen erkauft und übergeben erhalten hat, keiner Vindikation ausgesetzt. Das Gesetz macht hier keinen Unterschied, ob der Erwerber in gutem Glauben oder schlechtem Glauben sich befand. Daß auf das Vorhandensein des guten Glaubens — abgesehen von dem Falle der Kollusion, welche nach dem allgemeinen in der Einleitung besprochenen Grundsatze auch hier den Eigenthumserwerb ausschließen würde — nicht gesehen wird, rechtfertigt sich um deswillen, weil die zu versteigernde Sache, wenn der die Nichtberechtigung des Veräußerers kennende Dritte sich des Bietens enthalten würde, an einen anderen Bieter verkauft werden würde, somit die Enthaltung vom Bieten dem Eigenthümer nicht zu Statten kommen, sondern nur zum Nachtheil des Eigenthümers, welcher an Stelle des ihm verloren gehenden Eigenthums den Anspruch auf die Kaufgelder erhält, die Erzielung eines geringeren Meistgebotes zur Folge haben würde (siehe Dernburg, Lehrbuch des preußischen Privatrechts, 2. Auflage I § 188

[5]) Der § 42 I. 15 A.L.R. bestimmt dasselbe auch für Sachen, die vom Fiskus erkauft sind, und zwar ebenfalls, ohne zwischen redlichem und schlechtgläubigem Erwerber zu unterscheiden. Diese Bestimmung, welche an den römischrechtlichen Satz anknüpft, daß durch Veräußerungen seitens des Fiskus, des Landesherrn oder seiner Gemahlin alle dinglichen Rechte (vorbehaltlich eines Entschädigungsanspruchs) erlöschen, und welche unserem modernen Rechtsbewußtsein wenig entspricht, gehört jedoch nicht hierher und dürfte dieselbe eher in der Lehre von der Enteignung ihre systematische Stelle finden.

S. 420). Der § 42 a. a. O. bezieht sich übrigens nur auf bewegliche Sachen, wie aus der Verweisung des § 138 I. 2 L.R., welcher nur bei beweglichen Sachen Ausnahmen von der allgemeinen Verfolgbarkeit der dinglichen Rechte gelten läßt, auf die in § 42 ff. I. 15 enthaltenen Bestimmungen zu ersehen ist.

Die fernere hierher gehörige Bestimmung des preußischen Landrechts (§ 43 a. a. O.), daß auch für Sachen, die aus dem Laden solcher Kaufleute, welche die Gilde gewonnen haben, erkauft sind (vorausgesetzt, daß der Käufer ein redlicher Besitzer ist, wie wohl aus § 44 in den § 43 herübergetragen werden darf), der Ausschluß der Vindikation gelten soll, ist jetzt, da derartige Gilden nicht mehr existiren, bedeutungslos geworden.

Daß der Erwerber in diesen Fällen zugleich ein von Lasten freies Eigenthum erhält, ist in dieser Allgemeinheit nicht im Gesetze ausgesprochen. Der § 42 u. 43 I. 13 L.R. bestimmt nur, daß die fraglichen Sachen keiner Vindikation unterworfen sein sollen, und der § 119 I. 20 L.R., welcher auf die Bestimmungen im § 24 ff. I. 15 L.R. verweist, läßt nur in denselben Fällen, wo die Vindikation „gegen einen redlichen Besitzer" ausgeschlossen ist, auch die dingliche Rückforderungsklage des Pfandgläubigers ausgeschlossen sein. Gleichwohl darf man in diesen Bestimmungen das nicht zum vollkommenen Ausdruck gelangte Prinzip des Gesetzes sehen, daß der Erwerber ein unbeschränktes Eigenthum an der Sache erhalten soll, so daß auch etwaige andere dingliche Rechte, wie Nießbrauch u. s. w. nicht gegen ihn geltend gemacht werden können, und zwar wird man von dem Ersteigerer einer Sache in öffentlicher Versteigerung, da derselbe den Schutz gegen Vindikation genießt, auch ohne in gutem Glauben zu sein, trotz des entgegenstehenden Wortlautes des § 119 I. 20 L.R. nicht verlangen dürfen, daß derselbe in Bezug auf das Nichtvorhandensein von dinglichen Rechten sich im guten Glauben befand.

Nach den Bestimmungen der §§ 45 bis 47 I. 15 L.R. sind die Inhaberpapiere, welche nicht außer Kurs gesetzt sind, und baares Geld der Vindikation entzogen, vorausgesetzt, daß der Erwerb entgeltlich und in gutem Glauben stattgefunden hat. Die Vindikation von Geld ist in einem solchen Falle ausgeschlossen, auch wenn das Geld noch nicht durch Vermischung mit anderem Gelde seine individuelle Erkennbarkeit verloren hat.[6]) Der Erwerber, welcher die auf

[6]) Das römische Recht läßt nur bei einer derartigen Vermischung den Verlust des Eigenthums eintreten. Diese Bestimmung ist eine Folge des allgemeinen

der Sache ruhenden dinglichen Rechte nicht gekannt hat, erhält zugleich ein von dinglichen Lasten freies Eigenthum. Für diesen Satz kann man sich hier auch auf den Wortlaut des Gesetzes berufen, indem nach § 45 a. a. O. allgemein „die Zurückforderung" ausgeschlossen ist.

Dernburg (a. a. O. Note 14) entnimmt übrigens aus diesem Wortlaut einen Grund, den Erwerber von Geld und Inhaberpapieren nicht blos gegen Zurückforderung wegen mangelnder Berechtigung des Veräußerers, sondern auch wegen mangelnder persönlicher Verfügungsunfähigkeit des Veräußerers zu schützen. Diese Ansicht dürfte jedoch nicht gebilligt werden können, da dieselbe mit den sonstigen in ähnlichen Rechtsverhältnissen, wie bei der Veräußerung eines nichtberechtigten grundbuchmäßig Eingetragenen, bei der Verfügung des bisherigen Gläubigers über eine von ihm bereits abgetretene Forderung u. s. w. geltenden Grundsätzen, wo überall durch den guten Glauben des Erwerbers nur das mangelnde Recht des Verfügenden gedeckt wird, in prinzipiellem Widerspruch stehen würde, und da außerdem auch gar kein Bedürfniß für eine solche Begünstigung des Erwerbers vorliegt, welcher über die Verfügungsfähigkeit des mit ihm in Verbindung tretenden Veräußerers sich unschwer unterrichten kann. Würde man blos auf den Wortlaut Gewicht legen, so würde man auch genöthigt sein, den Art. 74 der deutschen Wechselordnung, wonach der wechselrechtlich legitimirte gutgläubige Erwerber eines Wechsels „nicht zur Herausgabe desselben angehalten werden kann", wo also auch jede Rückforderung versagt ist, in demselben Sinne auszulegen, was auch von Dernburg nicht geschieht. Es darf jedoch hierbei nicht übersehen werden, daß aus dem Grunde, weil der Veräußerer nicht handlungsfähig war, die dingliche Rückforderungsklage unbeschränkt nur gegen den ersten Erwerber zulässig ist, daß die Rückforderungsklage gegen den ferneren gutgläubigen und zugleich entgeltlichen Erwerber aber ausgeschlossen ist, da in der Hand des ersten Erwerbers die aus der mangelnden Handlungsfähigkeit des Veräußerers entspringende Ungültigkeit einen Mangel des Rechts darstellt, welcher durch die weitere Veräußerung an einen gutgläubigen und entgeltlichen Erwerber geheilt wird.

Das Preußische Landrecht läßt nur den redlichen Besitzer gegen

---

Grundsatzes, daß dingliche Rechte, welche eine bestimmte Sache zu ihrem Gegenstande haben, nicht geltend gemacht werden können, wenn diese bestimmte Sache als solche nicht mehr nachweisbar ist. Ein Fall der äußeren Befugniß liegt hier natürlich nicht vor.

die Vindikation gesichert sein. Als redlicher Besitzer ist nach den Vorschriften des L.R.'s (I. 7 § 15) derjenige nicht anzusehen, der schon bei gewöhnlicher Aufmerksamkeit von dem Ungrunde seines guten Glaubens sich überzeugen konnte. Dieser Grundsatz gilt auch für den Erwerber von Inhaberpapieren und ist in den §§ 52 und 53 I. 15 L.R., welche verordnen, daß die bloße öffentliche Bekanntmachung der Entwendung oder des Verlusts von Inhaberpapieren nicht geeignet ist, den Erwerber als unredlichen Besitzer darzustellen, daß vielmehr der Erwerber, um als solcher zu gelten, von der Bekanntmachung „wirklich Wissenschaft" gehabt haben müsse, nicht eine Aufhebung, sondern nur eine Einschränkung des allgemeinen Grundsatzes zu sehen.

Eine weitergehende äußere Befugniß ist dem nichtberechtigten Besitzer durch das Handelsgesetzbuch zugestanden.

Der Art. 306 H.G.B. bestimmt, daß bei Veräußerungen oder Verpfändungen von beweglichen Sachen durch einen Kaufmann in dessen Handelsbetriebe — unter welchen Ausdruck auch, da das Geschäft kein Handelsgeschäft zu sein braucht, Veräußerungen oder Verpfändungen von Handwerkern in deren Geschäftsbetriebe einzubegreifen sind — der redliche Erwerber ein lastenfreies Eigenthum beziehentlich ein durch entgegenstehende dingliche Rechte nicht beschränktes Pfandrecht erwirbt. Geschützt wird nur der gutgläubige Erwerber. Der Erwerber, der die auf der Sache haftenden dinglichen Rechte gekannt hat, muß dieselben gegen sich gelten lassen.

Die Frage, wer als redlicher Erwerber anzusehen sei, entscheidet sich nach der vom Reichsoberhandelsgericht (Bd. 19 S. 83) und auch vom Reichsgericht (Bd. 6 S. 20) vertretenen Ansicht nach dem betreffenden Landesrecht, so daß für das Gebiet des preußischen Landrechts der Gundsatz, wonach die unterlassene Anwendung eines gewöhnlichen Grades von Aufmerksamkeit den Ausschluß des redlichen Erwerbs zur Folge hat, bestehen bleibt. Richtiger dürfte es jedoch wohl sein, diese Frage entsprechend den im Handelsstand geltenden Anschauungen, welche auch im Art. 74 W.O. gesetzliche Sanktion gefunden haben, allgemein für das Handelsrecht dahin zu beantworten, daß nur derjenige, der nicht aus grober Fahrlässigkeit im guten Glauben sich befindet, die Begünstigung des redlichen Erwerbers in Anspruch nehmen kann.

Der Art. 306 H.G.B. setzt zu seiner Anwendung voraus, daß der Veräußerer bez. Verpfänder Besitzer der Sache gewesen ist. Dies ist an sich selbstverständlich, da zum Eigenthums- bez. Pfanderwerb die

Besitzübergabe gehört [1]), ist aber auch dadurch ausdrücklich im Gesetze ausgesprochen, daß der Art. 306 verlangt, daß die Sache nicht bloß veräußert oder verpfändet, sondern auch dem gutgläubigen Erwerber übergeben sein muß. Nicht nothwendig ist es, daß der Veräußernde sich im ausschließlichen unbeschränkten Besitz der Sache befunden hat. Doch wird der Dritte, welcher durch den Veräußernden, der sich in einer Stellung als Leiher, Miether u. s. w. befindet, den Besitz ausübt oder welcher als Zurückbehaltungsberechtigter die Sache in seinem Gewahrsam hat, dadurch einigermaßen geschützt, daß der Erwerber, dem diese Verhältnisse erkennbar waren und der nur aus grober Nachlässigkeit von dem Bestehen derselben nichts erfahren hat, die Rechte des redlichen Erwerbers nicht beanspruchen kann. Nicht gerechtfertigt ist es, wie Dernburg will (I § 188 Note 5 Nr. 4), ganz allgemein die in einem thatsächlichen Verhältnisse begründeten Rechte Dritter, wie namentlich Retentionsrechte, dem gutgläubigen Erwerber gegenüber fortdauern zu lassen.

Der Art. 306 schützt nur denjenigen, der eine Sache zum Eigenthum oder zum Pfand erhält, also nur denjenigen, der ein dingliches Recht erwirbt. Infolge dessen ist auch für den Zeitpunkt, wo der gute Glaube vorhanden sein muß, nicht die Zeit, wo der Erwerber ein persönliches Recht auf Erlangung der Sache erhalten hat, sondern diejenige Zeit entscheidend, wo der dingliche Rechtserwerb sich vollendet hat. Da der dingliche Erwerb sowohl bei der Veräußerung als bei der Verpfändung durch Uebergabe sich vollzieht, so ist es eine weitere Folge, daß die zum dinglichen Erwerb erforderliche Besitzübergabe bewirkt sein muß, und bestimmt sich die Frage, ob eine körperliche Besitzübergabe erforderlich oder auch constitutum possessorium oder symbolische Uebergabe ausreichend ist, lediglich nach den Grundsätzen des betr. Landesrechts über die zum Eigenthumserwerb bez. Pfanderwerb nothwendige Form der Uebergabe, in welchen Grundsätzen durch den Art. 306 H.G.B. eine Aenderung nicht herbeigeführt ist. Die Ansicht von Goldschmidt (Handelsrecht § 80), Keyßner (Kommentar zum Handelsgesetzbuch zu Art. 306 Note 6) und Anderer, daß der Besitzerwerb durch constitutum possessorium und symbolische Besitzübergabe zur Anwendung des Art. 306 nicht genüge, hat im Gesetze keinen Grund. Jene Beschränkung dürfte auch durch innere Gründe sich nicht rechtfertigen

[1]) Siehe übrigens auch die Ausführungen auf Seite 13.

lassen, da der Gefahr, daß namentlich die Form des constitutum possessorium zu einem betrügerischen Einverständniß zwischen dem Besitzer und dem Dritten gemißbraucht werde, durch freie Beweiswürdigung des Richters, welcher das aus dem constitutum possessorium sich unter Umständen ergebende Argument gegen die Redlichkeit des Erwerbers zu erwägen hat, entgegengetreten werden kann. (Siehe Dernburg § 188 Note 13 Nr. 3.) Nur das wird behauptet werden dürfen, daß der Berechtigte, welcher durch den Veräußernden als seinen Stellvertreter im Besitz den Besitz ausübt, beziehentlich ein Retentionsrecht an der Sache hat, seine Rechte durch Uebertragung der Sache in Form des constitutum possessorium noch nicht verliert, da der Vertreter seinen Besitzgrund nicht ändern kann und da, was den Retentionsberechtigten angeht, dieser auch fernerhin die Sache in seinem Gewahrsam behält.

Hervorzuheben ist noch, daß die Wirkungen des redlichen Erwerbs beim Eigenthumserwerb und beim Pfanderwerb nicht ganz die gleichen sind. Während im ersten Fall das Eigenthum und die dinglichen Rechte erlöschen, können diese Rechte in dem zweiten Falle nur nicht zum Nachtheil des Pfandnehmers oder der Rechtsnachfolger desselben geltend gemacht werden. Dieser Unterschied ist in der Natur der Sache begründet, da die Verpfändung immer nur von kürzerer Dauer ist und der durch das Gesetz erstrebte Zweck, dem Pfandgläubiger während des Bestehens des Pfandrechts eine gesicherte Rechtsstellung zu gewähren, den vollständigen Untergang der dinglichen Rechte nicht als nothwendig erscheinen läßt.

Der durch Art. 306 dem redlichen Erwerber gewährte Schutz tritt nach der Bestimmung dieses Artikels dann nicht ein, wenn die Sachen gestohlen oder verloren waren, und zwar wird diese Bestimmung von Theorie und Praxis ausdehnend auf jeden Fall des unfreiwilligen Besitzverlustes bezogen (Entsch. des Reichsgerichts Bd. 1 S. 256). Keyßner (Note 11 zu Art. 306) will mit Goldschmidt und Hahn auch diejenigen Fälle hierunter begreifen, in denen zwar eine freiwillige Uebergabe stattgefunden, es aber an einem rechtlichen Traditionswillen gefehlt hat, wie bei Irrthum im Traditionswillen, Mißgriff, Verwechselung. Dem kann jedoch nicht beigetreten werden, da eine Ausnahme von dem Schutz des gutgläubigen Erwerbs nur da gerechtfertigt ist, wo der Besitzverlust ohne Schuld des Verlierenden stattgefunden hat. Deshalb kann auch eine durch Betrug veranlaßte Uebergabe nicht hierher gerechnet werden, da der Verlierende, welcher den Angaben des Andern vertraut hat, selbst in Schuld ist, und kann eine durch Zwang erwirkte Besitzübergabe dann nicht als unter jene Ausnahmebestimmung fallend angesehen werden, wenn der angewandte Zwang, durch welchen der Veräußernde sich hat bestimmen lassen, auf einen anderen Menschen gewöhnlicher Art keinen Eindruck gemacht haben würde.[8])

Der Grundsatz des Art. 306 ist unter Fortlassung der in diesem Artikel betreffs gestohlener und verlorener Sachen gemachten Ausnahme durch Art. 307 auch auf Inhaberpapiere übertragen worden und zwar hat dieser Grundsatz bei Inhaberpapieren nach der Bestimmung des Art. 307 auch dann Geltung, wenn die Veräußerung oder Verpfändung nicht von einem Kaufmann in dessen Handelsbetrieb geschehen ist, so daß hier ein über das Gebiet des Handelsrechts hinausgreifender Rechtssatz gegeben ist.

Durch diesen Artikel ist nicht bloß das sachenrechtliche Verhältniß des Eigenthümers zu dem Besitzer des Inhaberpapiers geregelt, sondern auch der obligationenrechtliche Erwerb des Gläubigerrechts. Da mit der Uebertragung eines Inhaberpapiers zum Eigenthum regelmäßig auch die Uebertragung des in dem Papier verbrieften Forderungsrechts als gewollt anzunehmen ist, sofern nicht die Parteien ausdrücklich etwas Anderes vereinbart haben (Thöl, Handelsrecht § 226 I), so folgt aus Art. 307, daß bei Inhaberpapieren derjenige der wahre Gläubiger ist, welcher in gutem Glauben den Besitz des Papiers ohne Ausschließung des Gläubigerrechts übertragen erhalten hat. Nicht folgt daraus, daß stets nur der redliche Besitzer des Inhaberpapiers, welcher dasselbe mit dem Gläubigerwillen erworben hat, der Gläubiger sei, was für diejenigen Fälle unrichtig sein würde, wo Jemand auf Grund Erbanfalls u. s. w. oder auf Grund einer abgesondert von dem Eigenthum am Inhaberpapier geschehenen Uebertragung des Forderungsrechts — welche gesonderte Uebertragung wenn auch selten, so doch möglich ist und namentlich dann vorkommen wird, wenn das Inhaberpapier verloren gegangen ist — das Gläubigerrecht erworben hat.[9]) Die vielbehandelte Frage, wer bei

[8]) Dies ist der Fall, in welchem das römische Recht dem Gezwungenen nur eine persönlich wirkende condictio gewährt. Das Preußische Landrecht läßt auch hier eine allgemein gegen jeden dritten Besitzer gehende Anfechtungsklage zu.

[9]) Die von Thöl in seinem Handelsrecht § 224 ff., namentlich im § 226 am Schluß ohne jede weitere Beschränkung aufgestellte Ansicht, daß derjenige der Gläubiger sei, welcher zuletzt in gutem Glauben das Papier mit dem Gläubiger-

Inhaberpapieren als Gläubiger anzusehen sei, muß hiernach dahin beantwortet werden, daß die im Inhaberpapier ausgedrückte Forderung nach den Grundsätzen des Obligationenrechts erworben wird, mit der Besonderheit jedoch, daß die Uebertragung des Eigenthums an dem Papier zugleich, wenn nicht das Gegentheil ausdrücklich vereinbart ist, die Uebertragung der Forderung enthält, und mit der weiteren höchst wichtigen Besonderheit, welche in den meisten Fällen allein praktisch wird, daß der redliche Erwerber des Inhaberpapiers (welchem dasselbe ohne ausdrückliche Ausschließung des Gläubigerrechts übertragen ist) ein wegen mangelnder Berechtigung des Veräußernden unanfechtbares Gläubigerrecht erlangt, so daß in diesem Falle auch das durch obligationsrechtliche Erwerbsart begründete Gläubigerrecht erlischt. Darüber, daß der Besitzer des Inhaberpapiers als solcher zur Zahlungsannahme mit einer dem Schuldner befreienden Wirkung äußerlich befugt ist und daß der Gläubiger, um das ihm zustehende Gläubigerrecht ausüben zu können, im Besitz des Inhaberpapiers sich befinden muß (wobei es jedoch darauf nicht weiter ankommt, in welcher Art und Weise der Besitz erworben ist), wird unten im § 4 S. 45 ff. gehandelt werden und wird auch dort versucht werden, die aus diesen Rechtssätzen für die Auffassung, daß stets der Besitzer oder der Präsentant der Gläubiger sei, entnommenen Argumente zu widerlegen.

Der Art. 306 findet Anwendung nur bei eigentlichen Inhaberpapieren, nicht bei sogenannten Legitimationspapieren, welche nicht zur Erleichterung des Umlaufs, sondern lediglich zur Erleichterung der Legitimationsprüfung für den erfüllenden Schuldner geschaffen sind, wozu Eisenbahnbillets, Speisemarken, Sparkassenbücher, die im § 49 des Postgesetzes vom 28. Oktober 1871 bezeichneten Urkunden, welche zur Abholung der Postsendung gegenüber der Post legitimiren u. s. w. gehören.

Zu bemerken ist noch, daß durch Art. 306 und 307 H.G.B.,

---

willen erworben hat, führt leicht zu dem Mißverständniß, daß ein derartiger Erwerb allein das Gläubigerrecht begründet. In diesem Sinne scheint auch Förster (Theorie und Praxis des preußischen Privatrechts, 3. Auflage § 64, Text nach Note 16) die Thölsche Ansicht aufzufassen. Es ist jedoch bei der Unbestimmtheit der Formulirung schwer zu sagen, ob wirklich in dieser Art die Thölsche Ansicht verstanden werden darf, da Thöl andererseits (§ 226 I) darauf aufmerksam macht, daß das Eigenthum am Inhaberpapier gesondert von der Gläubigerschaft übertragen werden kann.

wie im Art. 308 gesagt ist, diejenigen Vorschriften der Landesgesetze nicht berührt werden, welche für den Besitzer noch günstigere Bestimmungen enthalten. Der redliche (und entgeltliche) Erwerber von Geld bleibt hiernach im Gebiete des preußischen Landrechts auch dann gegen Vindikation geschützt, wenn das Geld gestohlen oder verloren war.

Ganz in gleicher Weise wie bei Inhaberpapieren ist der Schutz des redlichen Erwerbers durch Art. 74 W.O. bei Wechseln geregelt, dessen Bestimmungen nach Art. 305 H.G.B. auch allgemein für Ordrepapiere gelten. Nach Art. 74 W.O. kann der durch eine zusammenhängende, bis auf ihn heruntergehende Reihe der Indossamente legitimirte Wechselinhaber, welcher den Wechsel in gutem Glauben erworben hat, also zu der Zeit, wo der wechselrechtliche Erwerb sich vollendet hat, wo ihm der mit dem auf seinen Namen lautenden Indossament oder mit Blankoindossament versehene Wechsel übergeben ist, sich in gutem Glauben befand, nicht zur „Herausgabe" des Wechsels angehalten werden, vorausgesetzt, daß die wechselrechtliche Form der Uebertragung des Wechsels auch wirklich zur Uebertragung des Gläubigerrechts bez. des Pfandrechts am Wechsel, nicht bloß zu dem Zwecke benutzt worden ist, daß der Erwerber die Wechselforderung, wenn schon in eigenem Namen, so doch materiell für Rechnung des Uebertragenden ausübt (Prokuraindossament). Der gutgläubige Erwerber des Wechsels wird nicht blos im Eigenthum der Wechselurkunde, sondern in seinem Gläubigerrecht geschützt. Demjenigen, der das Recht aus dem Wechsel ohne jene wechselrechtliche Legitimationsform erworben hat, wie durch Cession oder in den Fällen der nicht freiwilligen Veräußerung, kommt der Schutz des Art. 74 nicht zu statten.

Ausdrücklich ausgesprochen ist in Art. 74, daß derjenige, welchem bei Erwerb des Wechsels eine grobe Fahrlässigkeit zur Last fällt, dem unredlichen Erwerber gleichsteht.

Schließlich ist noch die Frage zu beantworten, ob die in Art. 306, 307 H.G.B. und Art. 74 W.O. bez. Art. 305 H.G.B. dem redlichen Erwerber gewährten Begünstigungen auch dem unentgeltlichen Erwerber zu gute kommen. Diese Frage ist für Art. 305 bis 307 H.G.B. wohl zu verneinen, da der Schutz des redlichen Erwerbes nur im Interesse des redlichen Handelsverkehrs eingeführt ist, der Handelsverkehr sich aber ausschließlich in entgeltlichen Rechtsgeschäften zu bewegen pflegt, für Art. 74 W.O. dagegen wohl eher zu bejahen, da im Gebiete des Wechselrechts, um den Wechselverkehr in erhöhtem

Maße zu begünstigen, die Frage nach dem entgeltlichen oder unentgeltlichen Erwerb (welche Verschiedenheit des Erwerbes auch für die Beschränkung der Einreden des Wechselschuldners nach Art. 82 ohne Bedeutung ist) überhaupt nicht zur Erörterung gebracht werden soll.

In den vorangeführten Fällen ist immer nur von der äußeren Befugniß des Besitzers die Rede gewesen. Der Umstand, daß der Veräußernde Besitzer sein muß, wird zwar in den Gesetzen meistentheils nicht ausdrücklich hervorgehoben, er ergiebt sich ohne Weiteres daraus, daß nur der Eigenthumserwerb beziehentlich dingliche Erwerb geschützt wird und das Gesetz einen solchen Erwerb (bei beweglichen Sachen) nur bei erfolgender Besitzübergabe anerkennt. Würde das Gesetz diesen Standpunkt verlassen, so daß Eigenthum u. s. w. auch ohne Besitzübergabe erworben wird, so würde damit jenes Erforderniß, daß der Veräußernde Besitzer ist, nicht fortfallen, an jenem Erforderniß muß vielmehr unbedingt festgehalten werden, da nur, wenn der Veräußernde Besitzer ist, für den Erwerber ein rechtfertigender Grund vorliegt, an das Recht des Veräußerers zu glauben; es würde dann vom Gesetz ausdrücklich der Umstand, daß der Veräußernde Besitzer ist, beziehentlich die Besitzübergabe erfolgt, als ein besonderes Erforderniß aufgestellt werden müssen.

§ 2.
Aeußere Befugniß gegenüber einer persönlichen Verpflichtung.

Bisher ist nur die äußere Verfügungsbefugniß des Besitzers trotz mangelnder dinglicher Berechtigung zur Sprache gekommen, man kann jedoch weitergehend auch von einer äußeren Befugniß des Besitzers, wie überhaupt eines jeden Berechtigten reden, trotz vorhandener Einschränkung durch eine persönliche Verpflichtung über die Sache, beziehentlich über das Recht zu verfügen. Wir sind zwar in Folge der römischen Rechtsanschauungen, welche unser juristisches Denken beherrschen, gewohnt, Denjenigen, der nur durch eine persönliche Verpflichtung gebunden ist, in der Verfügung über die Sache beziehentlich das Recht nicht als beschränkt anzusehen. Nur das dingliche Recht bewirkt nach römischer Rechtsvorstellung eine Gebundenheit der Sache, derart, daß jeder Besitzer der Sache, ohne Rücksicht darauf, ob er das dingliche Recht gekannt hat oder ob dasselbe erkennbar war, dieses Recht gegen sich gelten lassen muß. Bei dem persönlichen Recht besteht dagegen keine Gebundenheit der Sache, sondern allein die Person des Schuldners ist verhaftet, die Sache wird frei, sobald sie aus dem persönlichen Vermögen des Schuldners herauskommt. Dieser Gegensatz zwischen dinglichem und persönlichem Recht hat sich im römischen Recht aus dem altrömischen Exekutionsrecht herausgebildet und besteht in seiner vollen Schärfe (nach dem Verfahren der legis actiones) darin, daß der dinglich Berechtigte die Sache überall ergreifen [10]) (vindicatio), ebenso auch der persönlich Berechtigte die Person des Schuldners (welcher confessus, judicatus oder damnatus ist) überall ergreifen (manus injectio) und bis zur erfolgten Befriedigung in Schuldknechtschaft behalten kann. In dem ersteren Falle ist die Sache, in dem letzteren Falle die Person der Gewalt des Berechtigten unterworfen. Dieser Gegensatz zwischen dinglichem und persönlichem Recht ist auch in unser heutiges Rechtsleben übernommen, derselbe hat jedoch hier eine wesentlich veränderte Bedeutung.

Während nach römischem Recht die Unterscheidung zwischen dinglichem und persönlichem Recht auf einer Grundverschiedenheit dieser Rechte beruht und nur bestimmte dingliche Rechte, welche, ähnlich wie das Eigenthum, eine unmittelbare Herrschaft über die Sache geben, als solche anerkannt werden, so ist dieser Gesichtspunkt bei uns vollständig fallen gelassen, und ist jene Unterscheidung bei uns im Grunde nur darauf zurückzuführen, daß im Interesse der Sicherheit des Verkehrs nicht allen Rechten die ihnen an sich beiwohnende absolute Verfolgbarkeit gelassen ist, und diejenigen Rechte, welche nur unter bestimmten Voraussetzungen gegen Dritte wirksam sind, als persönliche bezeichnet werden. Mit dieser veränderten Auffassung steht es auch im Zusammenhang, daß die Uebertragungsform des dinglichen Rechts bei freiwilligen Veräußerungen bei uns eine andere ist, als im römischen Recht. Während es im römischen Recht nur darauf ankam, die Gewißheit des Willens zu konstatiren, daß der Erwerber das Recht erhalten sollte, unmittelbar auf die Sache einzuwirken und sich dieselbe zuzueignen, wird bei uns darauf Gewicht gelegt, daß die Erwerbsform eine allgemeine Erkennbarkeit des Rechtserwerbs Dritten gegenüber herstellt, und kann deshalb bei uns ein jedes persönliche

[10]) Dieser Gegensatz ist später in der Zeit des Formularprozesses abgeschwächt worden, einmal durch die Einführung der pecuniaria condemnatio und sodann durch die Ausbildung des Besitzrechts, wonach nur derjenige, der Besitzer ist oder als solcher gilt, eigenmächtig den Besitz der Sache ergreifen kann, während früher der dinglich Berechtigte als solcher das Recht hatte, sich im Wege der Selbsthülfe in den Besitz der Sache zu setzen. (Vgl. Jhering, Geist des römischen Rechts Theil I S. 141, S. 163 ff.)

Recht, auch ein solches, welches eine unmittelbare Einwirkung auf die Sache nicht zuläßt, z. B. das Recht auf Bezug bestimmter Leistungen, die Eigenschaft eines dinglichen, d. h. gegen jeden Dritten wirkenden Rechts erhalten, sofern dasselbe (wie durch Eintragung im Grundbuche) allgemein erkennbar gemacht ist. Die unmittelbare Herrschaft über die Sache ist nicht mehr, wie im römischen Recht, das Unterscheidungszeichen des dinglichen Rechts. Andererseits ist aber auch die absolute und relative Verfolgbarkeit in unserem Recht nicht als strenger Gegensatz durchgeführt. Einmal sind von der absoluten Verfolgbarkeit bei dinglichen Rechten zahlreiche Ausnahmen zum Schutze des redlichen Erwerbers zugelassen, wie dies im vorhergehenden Paragraphen dargestellt ist, und ist das Prinzip der absoluten Verfolgbarkeit namentlich auch dadurch durchbrochen, daß beim Zwangsverkauf eines Grundstücks die dinglichen Rechte nicht immer auf den Ersteher übergehen.[11]) Sodann ist auch den persönlichen Rechten eine gewisse dingliche Wirksamkeit gegenüber anderen Personen als dem persönlich verpflichteten Schuldner zugestanden, wie dies besonders bei dem Recht zur Sache und bei der (schon im späteren römischen Recht eingeführten) zum Schutze des persönlichen Gläubigers gegen nachtheilige Veräußerungen des Schuldners zugelassenen Anfechtungsklage hervortritt.[12])

Da hiernach eine große Annäherung zwischen dinglichem Recht und persönlichem Recht stattfindet, so mag es gestattet sein, an Stelle der herrschenden Auffassung, nach welcher der persönlich Verpflichtete im prinzipiellen Gegensatz zur dinglichen Verpflichtung nicht in der

[11]) Verschieden von dem Begriff der dinglich Berechtigten und der persönlich Berechtigten ist der Begriff der sogenannten Realgläubiger im Subhastationsverfahren und der Begriff der Aussonderungsberechtigten und Absonderungsberechtigten im Konkursverfahren. Wenn schon in der Regel nur den dinglich Berechtigten ein Anspruch auf Aussonderung beziehungsweise auf abgesonderte Befriedigung zusteht, so ist doch auch wieder vielen persönlichen Gläubigern das gleiche Recht eingeräumt. — Uebrigens hängt mit der veränderten Auffassung des dinglichen und persönlichen Rechts auch die veränderte Auffassung zusammen, welche im modernen Recht bezüglich der Begriffe Nichtigkeit und Anfechtbarkeit, deren Ausbildung im römischen Recht auf der Gestaltung des für uns nicht mehr praktischen Exceptionenrechts beruht, sich Bahn zu brechen beginnt.

[12]) Eine gewisse dingliche Wirksamkeit ist auch dem Anspruche auf Ersatz von Verwendungen, welcher nach § 295 I. 13 L.R. auch gegen den späteren unentgeltlichen Erwerber der verbesserten Sache geht, und vor Allem der Anfechtungsklage beigelegt, welche nach § 33 K.O., § 11 G. vom 21. Juli 1879 auch gegen den schlechtgläubigen Rechtsnachfolger geht.

Verfügung über die Sache beschränkt ist, für das moderne Recht eine andere Auffassungsweise zu setzen und hierbei davon auszugehen, daß an sich jedes Recht gegen Jedermann wirkt, der dasselbe beeinträchtigt. Dies ist von vornherein die natürlichste Auffassung, und nur die Angewöhnung an die römischen Vorstellungen von dinglichem und persönlichem Recht hat diese Auffassung uns entfremdet. Nimmt man im Gegentheil an, daß das persönliche Recht nur gegen den persönlich Verpflichteten Wirksamkeit hat, so ist es schwer zu erklären, aus welchem Rechtsgrund der persönliche Gläubiger eine (gewissermaßen dingliche) Klage gegen denjenigen Dritten anstellen kann, der die Forderung für sich in Anspruch nimmt.[13]) Daß der persönliche Gläubiger zu dieser Klage berechtigt ist, wird von Niemand bezweifelt. In den Entscheidungen des Reichsgerichts (Bd. 7 S. 420) wird die Zulässigkeit einer solchen Klage damit gerechtfertigt, daß, wenn man ein solches Klagerecht nicht gewähren wolle, nicht allein dadurch eine unerwünschte Vervielfältigung der Prozesse herbeigeführt, sondern auch der an dem Streite der Forderungsprätendenten völlig unbetheiligte Schuldner genöthigt werden würde, Prozesse zu führen. Dieser Rechtfertigung aus besonderen Zweckmäßigkeitsgründen bedarf es nicht, sobald man sich zur Anerkennung des Grundsatzes entschließt, daß auch das persönliche Recht an sich gegen jeden Dritten wirkt. Eine weitere Folge dieser allgemeinen Wirksamkeit ist es auch, daß ein jeder Gläubiger im Konkurse berechtigt ist, die Rechtsbeständigkeit der von einem anderen Gläubiger angemeldeten Forderung, durch deren Befriedigung der Befriedigung seiner Forderung Eintrag geschieht, anzufechten, womit also die Verfolgbarkeit des persönlichen Rechts sogar gegen einen Gläubiger des Schuldners anerkannt wird.

Ist es hiernach gerechtfertigt, von dem prinzipiellen Standpunkt auszugehen, daß auch das persönliche Recht an sich allgemein gegen jeden Dritten wirkt[14]), so wird man sagen dürfen, daß auch der

[13]) Durch die Zulässigkeit einer solchen Klage widerlegt sich auch die viel verbreitete Auffassung, daß nur bei dinglichen Rechten (bez. Zustandsrechten) die Klage auf Anerkennung des Rechts und sekundär auf Leistung gerichtet sei, während bei persönlichen Rechten die Klage sich in dem Anspruch auf Leistung erschöpfe.

[14]) Schon im römischen Recht findet sich übrigens eine bemerkenswerthe Abweichung von dem Grundsatze, daß das persönliche Recht nur eine Klage gegen den in der Obligation gegenüberstehenden persönlichen Schuldner giebt, darin, daß die Klage wegen Entwendung (actio furti) auch dem Interessirten, der nur obligatorisch berechtigt ist, — mit Ausnahme des auf die Sache Forderungsberechtigten, wie des nichtbesitzenden Käufers — zugestanden wird, ebenso der Anspruch

persönliche Schuldner in der Verfügung über die Sache beziehentlich die Vermögensobjekte insoweit beschränkt wird, als die Forderung seines Gläubigers durch die Verfügung benachtheiligt wird, und daß in den Fällen, wo der Schuldner gleichwohl zum Nachtheil seines Gläubigers verfügen darf, nur eine äußere Befugniß, die also nur im Interesse des Verkehrs besteht, anzunehmen ist. Der Unterschied zwischen dinglichem und persönlichem Recht [15]) besteht nach dieser Auffassung nur darin, daß dem

wegen Beschädigung (actio ex lege Aquilia) auch dem obligatorisch zum Fruchtgenuß Berechtigten und der Anspruch auf Beseitigung benachtheiligender Grundstücksanlagen (interdictum quod vi aut clam) gleicherweise dem obligatorisch Berechtigten — nur nicht dem auf die Sache Forderungsberechtigten — eingeräumt wird. (Vgl. Windscheid § 453 Note 14, § 455 Note 17, § 465 Note 12 und die daselbst angeführten Quellenstellen.)

[15]) Die Frage, welche Rechte zu den dinglichen und welche zu den persönlichen zu rechnen sind, ist hier nicht zu beantworten. Dies bestimmt sich nach anderen Gesichtspunkten und ist hierfür in einem gewissen Grade (nicht allgemein) der Umstand von Bedeutung, ob nach dem Willen der Parteien dem Erwerber das Recht zur unmittelbaren Aneignung der Sache hat gegeben werden sollen. Das Grundprinzip des römischen Rechts, daß im Interesse der Erhaltung der Freiheit des Eigenthums nur gewissen Lasten die Eigenschaft eines dinglichen Rechts zuerkannt wird (vgl. Ihering, Geist des römischen Rechts Th. II S. 226 ff.) hat in unserer modernen Rechtsauffassung keinen rechten Boden und ist im preußischen Recht vollständig fallen gelassen. (Siehe Dernburg, Lehrbuch des preußischen Privatrechts Bd. I § 292.) Im preußischen Recht wird nur die Freiheit des Grundeigenthums und zwar dadurch geschützt, daß die Ablösbarkeit von Nutzungsberechtigungen der im § 2 der Gemeinheitstheilungsordnung vom 7. Juni 1821 bezeichneten Art (auch von obligatorischen) nur auf so lange Zeit, als zur zweimaligen Abnutzung der belasteten Grundstücke nach der bestehenden Fruchtfolge oder Schlageintheilung erforderlich ist, eventuell auf 10 Jahre (§§ 163, 27 der Gemeinheitstheilungsordnung) die Ablösbarkeit von Reallasten überhaupt nicht ausgeschlossen werden kann (§ 6 des Ablösungsgesetzes vom 2. März 1850), die Ausschließung der Kündbarkeit von Renten und Kapitalien nur auf den Zeitraum von 30 Jahren zulässig ist (§ 91 desselben Gesetzes) und Erbpacht sowie ähnliche Verhältnisse nicht mehr begründet werden können (§ 91 daselbst). Wenn in der sehr wichtigen Entscheidung des Reichsgerichts Bd. 8 S. 208 ff. für das preußische Grundbuchrecht der Rechtssatz aufgestellt wird, daß im Sinne des § 12 des Ges. über den Eigenthumserwerb u. s. w., wonach „die Grundgerechtigkeiten" zu ihrer Dinglichkeit der Eintragung in das Grundbuch nicht bedürfen, unter Grundgerechtigkeiten nur die dem Bedürfniß des herrschenden Grundstücks dienenden Grundgerechtigkeiten zu verstehen seien, so ist für diesen Rechtssatz lediglich die Rücksichtnahme auf den Realkredit maßgebend gewesen, welcher im andern Falle, wenn ein umfangreiches, den Werth des Grundstücks erheblich beeinträchtigendes Nutzungsrecht der Eintragung nicht bedürfen würde, im höchsten Grade gefährdet

persönlich verpflichteten Schuldner trotz der vorhandenen Beschränkung eine äußere Verfügungsbefugniß zusteht, welche der dinglich Verpflichtete in dieser Allgemeinheit nicht hat. Die Beschränkung des Schuldners gestaltet sich natürlich verschieden, wenn der Gläubiger eine bestimmte Sache zu fordern hat, wo derselbe also auch ein Interesse daran hat, gerade diese bestimmte Sache zu Eigenthum oder zu einem anderen Recht zu erhalten, und infolgedessen ein jeder andere Erwerber der Sache mit diesem Forderungsrecht in Widerspruch tritt, und wenn der Gläubiger nur ein Recht auf eine Geldsumme oder Leistung von nur generisch bestimmten Sachen hat, wo das Interesse des Gläubigers nur auf Leistung von Geld oder Geldeswerth geht und infolgedessen eine Benachtheiligung des Gläubigers erst eintritt, wenn der Schuldner durch Rechtshandlungen sein Vermögen derart verringert, daß die Befriedigung des Gläubigers vereitelt wird.

In dem ersteren Falle pflegt man von einem Recht zur Sache zu reden und soll hiervon zuerst gehandelt werden. Es soll hierbei von der gewöhnlichen Darstellungsweise, welche die Fälle der Wirksamkeit des Rechts zur Sache Dritten gegenüber zur Darstellung bringt, nicht abgewichen werden, da hieraus zugleich auch die äußere Befugniß des persönlich Verpflichteten sich ergiebt, welche insoweit besteht, als nicht die Wirksamkeit des Rechts Dritten gegenüber Platz greift.

Das preußische Landrecht (§ 25 I. 10, § 5 I. 19) stellt den allgemeinen Grundsatz auf, daß ein jedes persönliche Recht auf Erwerb einer Sache zu Eigenthum oder zu anderem Recht Demjenigen gegenüber verfolgt werden kann, der bei Erwerb eines entgegenstehenden Rechtes, mag dieses gleichartig oder ungleichartig sein, von dem Vorhandensein dieser älteren Berechtigung Kenntniß hatte. Dieses Recht zur Sache kommt auch dem Kläger zu Gute, der die Rückgabe einer durch anfechtbares Rechtsgeschäft übertragenen Sache beansprucht, da auch dieser ein persönliches Recht auf Erlangung einer Sache ausübt. Voraussetzung des Anspruchs gegen den Dritten ist, daß dieser bereits bei Erwerb des entgegenstehenden persönlichen Rechts von dem Recht

sein würde; keineswegs liegt dieser Entscheidung die römischrechtliche Idee der Freiheit des Eigenthums zu Grunde und hat durch diese Entscheidung auch keineswegs verneint werden sollen, daß nach preußischem Recht ein jedes Gebrauchs- und Nutzungsrecht an einem Grundstücke durch Eintragung im Grundbuch als dingliches konstituirt werden kann. — Uebrigens sei ausdrücklich darauf hingewiesen, daß die im Text gegebene Begriffsbestimmung des persönlichen Rechts nur den Werth einer juristischen Konstruktion haben, nicht zur Eintragung neuer, sondern nur zur Erklärung vorhandener Rechtssätze dienen soll.

des Klägers Wissenschaft gehabt hat. Hat derselbe erst später diese Kenntniß erlangt, wenn auch noch vor Erwerb des dinglichen Rechts, so kann ihm gegenüber der Anspruch nicht geltend gemacht werden. Das persönliche Recht des Klägers und das, wenn gleich später, so doch im guten Glauben erworbene persönliche Recht des Beklagten stehen dann einander gleich.

Von dem Recht zur Sache werden nach preußischer Praxis (Präjudiz 1302 des Obertribunals in Entsch. Bd. 9 S. 25) zwei Ausnahmen zugelassen. Einmal wird demjenigen, der einen Titel zum Pfandrecht gewährt hat, nicht der Schutz des Rechtes zur Sache gewährt, da der Pfandgläubiger im Grunde kein Interesse an der Erwerbung eines Rechts gerade an dieser bestimmten Sache hat, vielmehr das Pfandrecht für ihn nur ein Sicherungsmittel ist, um den Geldwerth der ihm zustehenden persönlichen Forderung zu erhalten. Aus diesem Grunde ist eine Anfechtung der von dem Schuldner entgegen seiner Verpflichtung zur Bestellung des Pfandrechts getroffenen Verfügung nicht nach den Grundsätzen des Rechts zur Sache, sondern nur nach den unten zu erörternden Grundsätzen der Anfechtungsklage gerechtfertigt. Ferner ist das Recht zur Sache nicht gegen denjenigen wirksam, der einen Titel zum Pfandrecht erworben hat, da dem Pfandgläubiger ein dolus insofern nicht zur Last gelegt werden kann, als im Fall der erwarteten Abtragung der Schuld das entgegenstehende persönliche Recht bestehen bleibt.

Noch eine weitere Ausnahme von dem Recht zur Sache wird man in Konsequenz der über die äußere Befugniß des Besitzers geltenden Rechtssätze zulassen müssen. In den Fällen nämlich, in denen der Erwerber eines dinglichen Rechts, auch ohne daß das Vorhandensein des guten Glaubens bei ihm erfordert wird, gegen Anfechtung wegen mangelnder Berechtigung seines Veräußerers geschützt ist, wie bei Käufen in öffentlichen Versteigerungen, wird auch das Recht zur Sache als ausgeschlossen angesehen werden müssen.

Der unentgeltliche Erwerb wird in der Lehre von dem Recht zur Sache dem schlechtgläubigen Erwerb nicht gleichgestellt.

Von größerer praktischer Bedeutung für das Rechtsleben sind diejenigen Grundsätze, welche das Anfechtungsrecht des Gläubigers bezüglich der vom Schuldner zum Nachtheil der Gläubiger vorgenommenen Rechtshandlungen regeln. Wenn schon der Schuldner einer geldwerthen Leistung durch die Uebernahme der persönlichen Verpflichtung in der Verfügung über sein Vermögen insoweit eingeschränkt wird, als er Rechtshandlungen, durch welche die Befriedigung seines Gläubigers beeinträchtigt wird, nicht vornehmen darf, so ist ihm doch nach außen hin eine freie Verfügungsbefugniß gelassen. Nur dann, wenn aus besonderen Gründen wegen Kenntniß des Erwerbers oder wegen unentgeltlichen Erwerbs diese äußere Befugniß in Wegfall kommt, tritt die an sich vorhandene Beschränkung des Schuldners wieder in Erscheinung. Im Nachfolgenden werden diese letzteren Fälle, in denen die Gebundenheit des Schuldners und demzufolge die Anfechtbarkeit der Rechtshandlung anerkannt wird, besprochen werden, welche Darstellungsweise der gewöhnlichen Darstellung entspricht, und aus welcher Darstellungsweise ebensowohl der Umfang wie die Grenzen der äußeren Befugniß des persönlich verpflichteten Schuldners ersehen werden können.

Nach dem Reichsgesetze vom 21. Juli 1879 beziehentlich nach den im Fall des Konkurses zur Anwendung kommenden Bestimmungen der Reichskonkursordnung (§§ 22 bis 34) unterliegen alle Rechtshandlungen des Schuldners der Anfechtung, durch welche unmittelbar oder mittelbar eine Benachtheiligung der Gläubiger herbeigeführt ist. Das Anfechtungsrecht ist nicht davon abhängig, daß zur Zeit der Vornahme der betreffenden Rechtshandlung ein Unvermögen des Schuldners, seine derzeitigen Gläubiger zu befriedigen, bereits vorhanden war; auch ist das Anfechtungsrecht (in Abweichung von der in dem früheren preußischen Gesetze vom 9. Mai 1855 über das Anfechtungsrecht außerhalb des Konkurses in § 9 enthaltenen Bestimmung) aus Gründen der Zweckmäßigkeit nicht bloß denjenigen Gläubigern gegeben, die zur Zeit der Vornahme der benachtheiligenden Rechtshandlung bereits Gläubiger waren, sondern auch den Gläubigern, deren Forderungen erst später entstanden sind. Diese Anfechtung ist aber nur zulässig im Fall der Unredlichkeit oder im Fall des unentgeltlichen Erwerbes des Dritten.

Damit die Voraussetzungen des ersteren Falles vorliegen, wird nicht erfordert, daß zwischen dem Schuldner und dem Dritten ein betrügerisches Einverständniß stattgehabt hat; andererseits wird es auch nicht als genügend angesehen, daß lediglich der Dritte davon Kenntniß hatte, daß die Rechtshandlung eine Benachtheiligung der Gläubiger zur Folge haben werde, vielmehr wird verlangt, daß der Schuldner die Rechtshandlung in der Absicht, seine Gläubiger zu benachtheiligen, vorgenommen hat und dem Dritten diese Absicht bekannt war (§ 24 Nr. 1 K.O., § 3 Nr. 1 G. v. 21. Juli 1879).

Das Erforderniß einer Benachtheiligungsabsicht wird jedoch in der Praxis nicht streng ausgelegt, es genügt vielmehr, wenn der Schuldner die Rechtshandlung mit dem Bewußtsein[16]) vorgenommen hat, daß als unmittelbare oder mittelbare Folge derselben eine Verringerung der Befriedigung aller oder einzelner seiner Gläubiger eintreten werde. (So Fitting, Das Reichskonkursrecht § 16 S. 43.) Faßt man die Bestimmung des Gesetzes in dieser Weise auf, so erscheint die Vorschrift der Konkursordnung (§ 23 Nr. 1), daß alle nach der Zahlungseinstellung von dem Gemeinschuldner eingegangenen, für die Konkursgläubiger nachtheiligen Rechtsgeschäfte, sofern die Zahlungseinstellung dem anderen Theile bekannt war, angefochten werden können, als ein Ausfluß jenes allgemeinen Grundsatzes, da der Gemeinschuldner, der nach dem Zeitpunkt der Zahlungseinstellung, nachdem ihm also sein Zahlungsunvermögen zum Bewußtsein gekommen, benachtheiligende Rechtsgeschäfte eingeht, bewußtermaßen zum Nachtheil seiner Gläubiger handelt.

Nach der Zahlungseinstellung tritt jedoch insofern eine Erweiterung des Anfechtungsrechts ein, als nach diesem Zeitpunkte nicht nur die freiwillig von dem Gemeinschuldner vorgenommenen Rechtshandlungen, sondern auch die erzwungenen Rechtshandlungen desselben, welche einem Gläubiger Sicherung oder Befriedigung gewähren, wie die Erlangung eines Pfandrechts gegen den Schuldner durch Pfändung oder Erlangung der Befriedigung durch Verkauf der Pfandsachen, bei welchen Rechtshandlungen der Gemeinschuldner gänzlich unbetheiligt sein kann, also auch von einer Unredlichkeit desselben nicht die Rede sein kann, ohne Weiteres anfechtbar sind, sofern der die Zwangsvollstreckung betreibende Gläubiger von der Zahlungseinstellung Kenntniß hatte. Ferner kommt hier in Betracht, daß dieselben Wirkungen, welche die Zahlungseinstellung hat, von dem Gesetz auch dem Antrage auf Konkurseröffnung beigelegt werden, eine Bestimmung, welche auf die Unredlichkeit des Gemeinschuldners, der von dem Antrage auf Konkurseröffnung gar keine Kenntniß erhalten zu haben braucht, wohl ebenfalls nicht gegründet werden kann. Diese

---

[16]) Anders natürlich in dem im § 288 St.G.B. als strafbar bezeichneten Falle, zu dessen Thatbestand es gehört, daß der Schuldner bei einer ihm drohenden Zwangsvollstreckung in der Absicht, die Befriedigung des Gläubigers zu vereiteln, Bestandtheile seines Vermögens veräußert. Das bloße Bewußtsein des Schuldners von der benachtheiligenden Wirkung der Entäußerung steht hier der bösen Absicht nicht gleich.

Bestimmungen dürften nur darin ihre Erklärung finden, daß nach der Zahlungseinstellung beziehentlich dem dieser gleichstehenden Antrage auf Konkurseröffnung der Gemeinschuldner nach dem Gedanken des Gesetzes ganz allgemein in seiner Verfügungsbefugniß eingeschränkt ist, sofern die Verfügung eine die Gläubiger benachtheiligende ist, während vorher eine solche Beschränkung der dem Schuldner nach außen zustehenden Befugniß nicht allgemein, sondern nur dann statthat, wenn die Verfügung beabsichtigtermaßen oder bewußtermaßen vom Schuldner zur Benachtheiligung der Gläubiger vorgenommen ist. Nur eine Folge dieser Verfügungsbeschränkung des Gemeinschuldners ist es, daß auch die Gläubiger, welche im Zwangswege nicht mehr Rechte erhalten können, als ihr Schuldner hat, keine den übrigen Gläubigern gegenüber wirksame Sicherung ihrer Forderungen oder Befriedigung derselben im Zwangsvollstreckungsverfahren erlangen können.[17])

Eine Anfechtung wegen Unredlichkeit ist der Natur der Sache nach bei Rechtshandlungen ausgeschlossen, auf welche der Dritte nach den Grundsätzen des materiellen Rechts ein Recht hat oder zu deren Leistung der Dritte nach diesen Grundsätzen verpflichtet ist. Die von dem Schuldner dem Dritten geleistete Zahlung, welche dem Dritten nur das giebt, was ihm rechtlich gebührt, kann deshalb nicht Gegenstand der Anfechtung sein, auch wenn der Schuldner die Absicht gehabt hat, den Dritten zum Nachtheil der übrigen Gläubiger zu bevorzugen und der Dritte diese Absicht gekannt hat. (Ebenso für das gemeine Recht Windscheid, Pandektenrecht § 463 Nr. 6; so auch Entsch. d. R.G. Bd. 6 S. 45. Anders Fitting, Das Reichskonkursrecht § 16 Note 3.) Der Dritte hat dagegen kein Recht,

---

[17]) Außer diesem Falle ist die Anfechtung einer im Zwangsvollstreckungswege ohne alles Zuthun Seitens des Gemeinschuldners erwirkten Sicherung oder Befriedigung nicht zulässig, auch dann nicht, wenn dieselbe innerhalb zehn Tagen vor der Zahlungseinstellung erwirkt ist (Entsch. d. R.G. Bd. 4 S. 435; siehe auch Entsch. Bd. 2 S. 375). Anders Fitting (Reichskonkursrecht § 15 Nr. 3), welcher grundsätzlich die ohne Mitthätigkeit des Gemeinschuldners stattgehabte Vollstreckungshandlung nicht als dem Anfechtungsrecht entzogen hält. — Die in den §§ 42 und 49 K.O. enthaltenen Bestimmungen über Benachtheiligung der Forderung durch die Handlung eines dritten Gläubigers, welche nicht die Ungültigkeit der Verfügung zu ihrer Grundlage haben, haben mit dem hier behandelten Anfechtungsrecht nichts gemein. Dieselben sind übrigens ein weiterer Beweis dafür, daß die persönliche Forderung nicht bloß gegen den Schuldner, sondern auch gegen Dritte Wirksamkeit hat.

durch Hingabe an Zahlungsstatt oder durch Aufrechnung mit einer Gegenforderung, welche erst durch ein mit dem Schuldner eingegangenes Rechtsgeschäft behufs Ermöglichung der Aufrechnung geschaffen ist, oder vor der Fälligkeit befriedigt zu werden; eine solche Rechtshandlung unterliegt im Falle der Unredlichkeit der Anfechtung, und zwar ist die vor der Fälligkeit gezahlte Forderung nicht bloß rücksichtlich des hierdurch dem Dritten zugekommenen Zinsgewinnes, sondern wegen des ganzen Betrages anfechtbar und wird auch die einmal begründete Anfechtbarkeit nicht dadurch aufgehoben, daß später, noch vor der Konkurseröffnung beziehentlich Zahlungseinstellung die Fälligkeit der Schuld eintritt. Ebenso kann auch die an den Schuldner von einem Dritten geleistete Erfüllung, sofern diese Erfüllung nicht vorzeitig vor dem Termine, an welchem der Schuldner Erfüllung verlangen konnte, oder durch Hingabe an Zahlungsstatt geschah, nicht angefochten werden, da der Dritte, auch wenn er weiß, daß der Schuldner die Beiseiteschaffung des eingezogenen Geldes u. s. w. beabsichtigt, nicht die Erfüllung im Interesse der benachtheiligten Gläubiger des Schuldners verweigern darf. Diese Grundsätze erleiden nach dem Vorausgeführten eine Aenderung, sobald Zahlungseinstellung erfolgt ist, oder die Konkurseröffnung beantragt ist. Der Schuldner verliert mit diesem Zeitpunkte in Folge der eintretenden weitergehenden Verfügungsbeschränkung das Recht, Zahlungen zu leisten, und hat demgemäß auch der Gläubiger, der von der Zahlungseinstellung erfahren hat, kein Recht mehr, anders, als im geordneten Konkursverfahren von dem Schuldner Befriedigung zu erhalten.[18]) Konsequent wäre es gewesen, von diesem Zeitpunkte an dem Schuldner auch das Recht zur Annahme von Leistungen zu entziehen, so daß der Dritte, der nachgewiesenermaßen in Kenntniß der Zahlungseinstellung u. s. w. leistet, nicht von seiner Leistung befreit würde. Das Gesetz hat jedoch (in § 23 Nr. 1 K.O.), abgesehen von der Befriedigung oder Sicherung eines Gläubigers, nur die von dem Gemein-

---

[18]) Der § 27 K.O. macht zu Gunsten des Wechselgläubigers, der durch Nichtannahme der Haftung seinen Wechselanspruch gegen andere Wechselverpflichtete verlieren würde, eine Ausnahme. Diese Bestimmung enthält in Wahrheit eine große Begünstigung des Wechselverkehrs. Es hätte hier ebensogut dadurch geholfen werden können, daß man dem Wechselgläubiger das Recht gegeben hätte, auch ohne Annahme der Zahlung, durch Erhebung eines Protestes, in welchem die erfolgte Zahlungseinstellung beurkundet wird, den Wechselanspruch gegen die anderen Verpflichteten sich zu erhalten.

schuldner „eingegangenen Rechtsgeschäfte" als anfechtbar bezeichnet, wozu die Annahme von Leistungen nicht zu rechnen ist.

Der zweite Fall, in welchem die Anfechtung vom Gesetz zugelassen wird, ist der Fall des unentgeltlichen Erwerbes des Dritten. Anfechtbar sind alle von dem Schuldner vorgenommenen unentgeltlichen Verfügungen (nicht bloß eigentliche Schenkungen) mit der in § 25 Nr. 1 und 2 K.O. bez. § 3 Nr. 3 und 4 G. vom 21. Juli 1879 festgesetzten zeitlichen Beschränkung, welche für die zu Gunsten des Ehegatten und zu Gunsten anderer Personen vorgenommenen unentgeltlichen Verfügungen verschieden bestimmt ist. Rechtsgeschäfte, welche theilweise eine unentgeltliche Verfügung enthalten, z. B. Zahlungen vor der Fälligkeit, oder über den Betrag der Schuld hinaus, sind insoweit, als sie dem Dritten eine Bereicherung gewähren, anfechtbar. Die Vorschrift der früheren preußischen Gesetze (§ 102 Nr. 2 K.O. vom 5. Mai 1855, § 5 Nr. 2 G. vom 9. Mai 1855), daß Verfügungen unter lästigem Titel, wenn zwischen der Leistung des Schuldners und der Gegenleistung ein erhebliches Mißverhältniß obwaltet, als unentgeltliche Verfügungen anzusehen sind, ist durch das Reichsrecht nicht aufrecht erhalten. Der Umstand, daß ein derartiges erhebliches Mißverhältniß obwaltet, kann jedoch nach Lage des Falles zu der Folgerung berechtigen, daß durch die niedrige Bestimmung der Gegenleistung dem Dritten ein bestimmter Vermögensvortheil hat zugewendet werden sollen, und tritt dann insoweit, als das zweiseitige Rechtsgeschäft eine unentgeltliche Verfügung enthält, das Anfechtungsrecht ein.

Besondere Regelung hat das Anfechtungsrecht wegen unentgeltlichen Erwerbes [10]) in einzelnen Bestimmungen des Handelsgesetzbuchs

---

[10]) Eine Anfechtung wegen unentgeltlichen Erwerbes findet nach gemeinem und preußischem Recht auch zu Gunsten des pflichttheilsberechtigten Erben statt, und zwar nach gemeinem Recht dann, wenn die Zuwendung durch Schenkung oder Dosbestellung den Pflichttheil nach dem Vermögensbestande zur Zeit der Zuwendung und zugleich nach dem Vermögensbestande zur Zeit des Todes des Erblassers, wobei die Zuwendung jedesmal zum Vermögensbestand hinzuzurechnen ist, nicht übrig läßt (Windscheid § 586), nach preußischem Rechte dann, wenn die binnen drei Jahren vor dem Tode des Erblassers vorgenommene Schenkung mehr als die Hälfte des Nachlasses ausmacht, so jedoch, daß nur bis zur Ergänzung des dem Erben zustehenden Pflichttheils die Schenkung zurückgefordert werden kann (Dernburg III § 212). — Unter dem Gesichtspunkt des Anfechtungsrechts wegen freigebiger Verfügung dürfte auch das Recht auf Aussonderung des Nachlasses (separatio bonorum), d. i. das Recht, die Aufhebung der durch den Antritt der Erbschaft ohne Vorbehalt der Rechtswohlthat des Inventars eingetretene Rechtsvereinigung, wodurch den Gläubigern des Erben, be-

gefunden. In Art. 259 ist den Konkursgläubigern der stillen Gesellschaft das Recht gegeben, die an den stillen Gesellschafter zurückgezahlte Einlage zur Konkursmasse zurückzufordern, wenn das Ausscheiden des Gesellschafters erst im letzten Jahre vor der Konkurseröffnung stattgefunden hat, vorbehaltlich des Rechts desselben, seinen Anspruch auf Rückzahlung der Einlage als Konkursgläubiger geltend zu machen. Dieses Anfechtungsrecht ist insofern nach den allgemeinen Grundsätzen über Anfechtung einer unentgeltlichen Verfügung gerechtfertigt, als die an den stillen Gesellschafter, welcher mit seiner Einlage antheilsmäßig für die Gesellschaftsschulden haftet, über denjenigen Betrag hinaus, bis zu welchem die Einlage durch die antheilsmäßige Verhaftung für die zur Zeit des Ausscheidens bestehenden Gesellschaftsschulden gemindert ist, erfolgende Rückzahlung der Einlage als unentgeltliche Verfügung sich darstellt. Dagegen enthält jene Vorschrift des Handelsgesetzbuchs insofern eine singuläre Bestimmung, als die „an die Konkursmasse" zurückzuzahlende Einlage auch zur antheilsmäßigen Deckung der erst nach dem Ausscheiden entstandenen Gesellschaftsschulden zu

---

ziehentlich den Gläubigern des Erblassers ein nicht verdienter Vortheil zugefallen ist, zu verlangen, aufzufassen sein, welches Recht im gemeinen Recht zu Gunsten der Gläubiger des Erblassers, und im Fall einer besonderen Arglist des Erben auch zu Gunsten der Gläubiger des Erben, im preußischen Recht (§ 500 ff. I. 16 A.L.R.) nur im Fall der Konkurseröffnung gegen den Erben zu Gunsten der Gläubiger des Erblassers, wie auch zu Gunsten der Gläubiger des Erben anerkannt wird. Das letztere Anfechtungsrecht der Gläubiger des Erben ist durch § 43 der Reichskonkursordnung beseitigt Geht man von dem Gesichtspunkt der Anfechtung aus, so würde streng genommen die Anfechtungsklage gegen die sämmtlichen durch die nachträgliche Ausführung der Absonderung benachtheiligten Gläubiger zu richten und diesen gegenüber selbstverständlich auch nachzuweisen sein, welche Vermögensgegenstände zu dem Nachlaß beziehentlich eigenen Vermögen des Erben gehören, aus dem abgesonderte Befriedigung beansprucht wird. Da eine solche Klage gegen sämmtliche Gläubiger, welche der Kläger gar nicht kennen kann, nicht thunlich ist, so ist es vollkommen gerechtfertigt, wenn die Ausübung des Anfechtungsrechts nur in einem besonderen nnter amtlicher Aufsicht stehenden Auseinandersetzungsverfahren zugelassen wird, zur Theilnahme an welchem sämmtliche interessirte Gläubiger durch öffentliche Bekanntmachung aufzufordern sind. Die Beschränkung dagegen auf die Gläubiger des Erblassers (die Vermächtnißnehmer inbegriffen), dürfte wohl kaum der Rechtsidee gemäß sein. Der Grund, der für diese Beschränkung angeführt wird, daß die Gläubiger des Erben es sich selbst zuzuschreiben haben, daß sie einem Kreditunwürdigen vertrauten (Dernburg Bd. III § 232 im Text bei Note 17, ähnlich schon l. 1 § 2 Dig de separ. XLII. 6), ist wohl nicht stichhaltig, da mit diesem Grunde ebenso gut der Ausschluß des Anfechtungsrechts einer jeden Rechtshandlung des Schuldners gerechtfertigt werden kann.

verwenden ist, welche Besonderheit nur aus Zweckmäßigkeitsgründen, um eine Sonderung der zur Zeit des Ausscheidens vorhandenen und der zur Zeit der Konkurseröffnung vorhandenen Gesellschaftsgläubiger zu vermeiden, sich rechtfertigen läßt.

Die Zurückzahlung der Einlage an den Aktionair während bestehender Gesellschaft (Aktiengesellschaft bez. Aktienkommanditgesellschaft) sowie der ihm während dieser Zeit gewährte Erlaß seiner Einlage ist stets, die an denselben über seinen Antheil an dem wirklichen Reingewinn hinaus erfolgte Zahlung von Zinsen und Dividenden ist, sofern der Aktionair bei Empfangnahme derselben in gutem Glauben sich befand, niemals, und die nach Auflösung der Gesellschaft an ihn über seinen Antheil an dem nach Abzug der Schulden verbleibenden Gesellschaftsvermögen geschehene Auszahlung nach dem Gesichtspunkt der nützlichen Verwendung anfechtbar, so jedoch, daß zuvor der Regreß gegen die wegen gesetzwidriger Vertheilung des Gesellschaftsvermögens haftenden Liquidatoren genommen sein muß (Art. 218, 248 H.G.B). Die allgemeinen Grundsätze über Anfechtung einer unentgeltlichen Verfügung finden für diese Rechtsverhältnisse, in welchen eine gewissermaßen dingliche Verhaftung der betreffenden Vermögensantheile für die Schulden stattfindet und in welchen deshalb die äußere Befugniß des geschäftsführenden Gesellschafters beziehentlich des Vorstandes eine beschränktere ist, keine Anwendung.

Eine für die juristische Betrachtung sehr interessante Zwischenstellung zwischen dinglichem und persönlichem Recht nimmt das Recht des Realgläubigers an den Zubehörstücken des verhafteten Grundstücks und das gesetzliche Pfandrecht des Vermiethers und Verpächters an den eingebrachten Sachen beziehentlich an den Früchten des Pachtgrundstücks ein, in welchen Rechtsverhältnissen dem durch dingliches Recht beschränkten Besitzer eine weitgehende äußere Befugniß, ähnlich wie gegenüber einer persönlichen Verpflichtung, zugestanden wird. Durch das Vorhandensein dieser besonderen Klasse von Rechten, deren Eigenthümlichkeit in der Doktrin wenig beachtet wird, finden übrigens die früheren Ausführungen über die Bedeutung des Gegensatzes zwischen dinglichem und persönlichem Recht für unser modernes Recht eine nicht unwichtige Unterstützung.

Dem Realgläubiger eines Grundstücks sind zugleich die Zubehörstücke des Grundstücks verhaftet. Diese Verhaftung der Zubehörstücke erlischt auch nicht schon dadurch, daß die Zubehörstücke von dem Grundstück räumlich getrennt werden. Gleichwohl ist der Eigenthümer äußerlich befugt, die Zubehörstücke an einen Dritten zu veräußern und hierdurch, sofern auch die räumliche Trennung stattfindet, der Pfandhaftung zu entziehen. In § 30 des Ges. vom 5. Mai 1872 über den Eigenthumserwerb u. s. w. ist dieser Rechtssatz in folgender Weise ausgedrückt:

> „Für das eingetragene Kapital u. s. w. haften u. s. w. das bewegliche, dem Eigenthümer gehörige Zubehör, so lange, bis dasselbe veräußert und von dem Grundstück räumlich getrennt worden ist."

Nach der Ausdrucksweise des Gesetzes wird die Veräußerung und räumliche Trennung als Beendigungsgrund der dinglichen Verhaftung angesehen. Die Anschauungsweise, daß trotz der vorhandenen dinglichen Verhaftung der Zubehörstücke dem Eigenthümer die äußere Befugniß verbleibt, die Zubehörstücke, sofern zugleich deren Trennung erfolgt, pfand- und lastenfrei zu veräußern, dürfte jedoch den Vorzug verdienen, da der Begriff eines bis zur freiwilligen Veräußerung der Sache dauernden dinglichen Rechts etwas sehr Anomales hat und da jene Bestimmung ersichtlich den Schutz des redlichen Verkehrs bezweckt, somit die Annahme einer im Interesse des Verkehrs gegebenen äußeren Befugniß wohl am Platze sein dürfte. Daß auf Seiten des Erwerbers nicht die Unkenntniß von einer bestehenden Verpfändung verlangt wird, rechtfertigt sich dadurch, daß auch beim Vorhandensein einer solchen Kenntniß der Erwerber, der nicht wissen kann, ob jene Zubehörstücke, welche im Verhältniß zur Hauptsache immer nur einen geringeren Werth haben und an deren Stelle nach dem gewöhnlichen Gange wieder andere Zubehörstücke angeschafft zu werden pflegen, für die Pfandsicherheit von entscheidender Bedeutung sind, noch nicht als unredlich angesehen werden kann.[20]) Daß außer der Besitzübergabe als weiteres Erforderniß die räumliche Trennung der Zubehörstücke vom Grundstück hinzukommen muß, welches Erforderniß bereits vom allgemeinen Landrecht (in § 445 I. 20) aufgestellt war, ist im Interesse der Pfandgläubiger bestimmt worden, um etwaige Simulationen zu verhüten und um zugleich den Pfandgläubigern einen größeren Schutz gegen Entziehung von Zubehörstücken zu ge-

[20]) Treten dann, wenn die zur Benachtheiligung der Pfandgläubiger geschehene Veräußerung der Zubehörstücke mittels der Anfechtungsklage mit Erfolg angefochten ist, die zurückgegebenen Zubehörstücke (bez. die an deren Stelle zu gewährende Geldentschädigung) in die frühere Pfandverhaftung ein? Diese Frage dürfte zu bejahen sein.

währen. Das Erforderniß der räumlichen Trennung darf übrigens, da das Gesetz nichts darüber bestimmt, daß die räumliche Trennung vor der Veräußerung bewirkt sein müsse, nicht in dem Sinne aufgefaßt werden, daß der Eigenthümer nur dann legitimirt wäre, die Zubehörstücke pfandfrei zu veräußern, wenn dieselben zuvor vom Grundstück fortgeschafft worden sind.

In ganz ähnlicher Weise[21]) wie die Pfandhaftung der Zubehörstücke ist im § 30 des Ges. über den Eigenthumserwerb u. s. w. auch die Pfandhaftung der Früchte geregelt. An Stelle der Trennung vom Grundstück tritt hier die Absonderung, so daß unabgesonderte Früchte (stehende und hängende Früchte) stets der Pfandhaftung unterliegen, abgesonderte nur dann, wenn sie nicht veräußert worden sind. Nur findet der in der Natur der Sache begründete Unterschied statt, daß Früchte, welche nicht mehr auf dem Grundstück sich befinden, da dann jedes Zugehörigkeitsverhältniß aufhört, dem Pfandrecht nicht unterliegen. Daß die Veräußerung stehender und hängender Früchte dem Pfandgläubiger unnachtheilig ist, ist in § 31 desselben Gesetzes ausdrücklich ausgesprochen. Aus dieser Bestimmung des Gesetzes wird von dem Reichsgericht (Entsch. Bd. 5 S. 295) unter Berufung auf den allgemeinen Satz, daß das von vornherein dem Pfandgläubiger gegenüber unwirksame Rechtsgeschäft nicht durch die spätere einseitige Absonderung oder Fortschaffung der Früchte Wirksamkeit erlangen könne, die Ansicht hergeleitet, daß der Gläubiger sein dingliches Recht auf die Früchte, welche als stehende und hängende veräußert waren, auch dann noch verfolgen kann, wenn sie auf Grund des Veräußerungsvertrages von dem Erwerber abgesondert bez. vom Grundstück weggeschafft waren, ohne daß zuvor eine Beschlagnahme erfolgt ist, vorausgesetzt, daß ihm die Veräußerung zum Nachtheile gereiche. Die entgegengesetzte Ansicht wird von dem früheren Obertribunal (Entsch. Bd. 72 S. 134) vertreten und ist in letzter Zeit von Oppenheim in Gruchot's Beiträgen (Bd. 26 S. 770 ff.) ausführlich vertheidigt worden. Letzterer legt besonders darauf Gewicht, daß schon nach den

---

[21]) Auch darin zeigt sich Uebereinstimmung, daß ebenso, wie nur die dem Eigenthümer des Grundstücks gehörigen Zubehörstücke von dem Pfandrecht ergriffen werden, auch nur die dem Eigenthümer gehörigen Früchte (wenn schon im Gesetze diese Einschränkung nicht besonders beigefügt ist) verpfändet sind. Früchte, die dem Pächter oder einem andern Berechtigten, der ein in § 12 Eig.E.G. als dinglich anerkanntes Recht hat, wie dem eingetragenen Nießbraucher, gehören, fallen, wie dies unbestritten ist, nicht unter das Pfandrecht.

Vorschriften des Landrechts (§ 475 bis 477 I. 20), welche dem § 31 Eig.G. zum Vorbilde gedient haben, anzunehmen sei, daß das Pfandrecht an den Früchten, welche vor der Absonderung veräußert worden sind, nur durch eine vor der Absonderung erwirkte Beschlagnahme habe erhalten werden können und daß die Ansicht des Reichsgerichts mit der ausnahmslosen Vorschrift des § 30 5. Absatz des Ges. über Eigenthumserwerb u. s. w. in Widerspruch stehe, welche Vorschrift das dingliche Recht an den Früchten nach deren Absonderung dem Pfandgläubiger nur gewährt, sofern die Früchte dem Eigenthümer gehören. Der von Oppenheim vertheidigten Ansicht dürfte wohl beizutreten sein, hauptsächlich auch aus dem bisher noch nicht berücksichtigten Grunde, daß bei Zubehörstücken es ebenfalls nicht darauf ankommt, ob die Veräußerung vor oder nach der räumlichen Trennung vom Grundstück stattgefunden hat, welche Analogie bei der gleichmäßigen Behandlung der Zubehörstücke und der Früchte wohl mit Recht herangezogen werden darf. Auch würde die Meinung des Reichsgerichts dazu führen, auch bei vor der Fälligkeit erhobenen Mieth- und Pachtzinsen, welche im § 31 desselben Ges. den vor der Absonderung veräußerten Früchten gleichgestellt werden, das Pfandrecht trotz der inzwischen eingetretenen Fälligkeit der Mieth- und Pachtzinsen fortdauern zu lassen, was wohl schwerlich gebilligt werden dürfte.

Ebenso wie die Früchte sind auch die Mieth- und Pachtzinsen und der Anspruch des Eigenthümers auf die Versicherungsgelder nach § 30 daselbst dem Pfandrecht unterworfen, dem Eigenthümer verbleibt die äußere Befugniß, über bereits fällig gewordene Mieth- und Pachtzinsen[22]), auch über Mieth- und Pachtzinsen, welche für das laufende Vierteljahr zu zahlen sind, betreffs deren die Vorauserhebung ausnahmsweise gestattet ist, und über fällig gewordene Versicherungsgelder frei zu verfügen, sofern nicht schon vorher die Beschlagnahme derselben erwirkt ist.

Dieselbe juristische Erscheinung zeigt sich uns bei dem im Preußischen Recht anerkannten gesetzlichen Pfandrecht des Vermiethers und

---

[22]) In Analogie dieses den Realgläubigern gegenüber stattfindenden Rechtsverhältnisses hat das Reichsgericht (Bd. 6 S. 112) entschieden, daß der Schuldner auch im Verhältniß zu seinen persönlichen Gläubigern nicht befugt sei, über die nach der Konkurseröffnung entstehenden Miethszinsen, da diese das Aequivalent der von der Konkursverwaltung (?) zu gewährenden Miethsnutzung seien, im Voraus zu verfügen. Hierdurch ist in Wirklichkeit eine Beschränkung der äußeren Befugniß des Schuldners im Interesse seiner persönlichen Gläubiger eingeführt.

Verpächters an den eingebrachten Sachen beziehentlich an den Früchten. Es herrscht darüber allgemeine Uebereinstimmung, daß dieses Recht nicht ein bloßes Beschlagnahmerecht, sondern ein bereits mit der Einbringung der Sachen beziehentlich mit Entstehung der Früchte beginnendes Pfandrecht ist. Bei dieser Auffassungsweise ist man genöthigt, da das auf den Sachen lastende Pfandrecht den Eigenthümer gleichwohl nicht hindert, vor eingetretener Beschlagnahme über die Sachen zu verfügen und dieselben hierdurch, sofern auch die Fortschaffung der Sachen von der Miethswohnung beziehentlich dem Pachtgrundstück erfolgt, von dem Pfandrecht zu befreien, einen Gegensatz zwischen Berechtigung und äußerer Befugniß als vorliegend anzunehmen. Daß es bei diesem dem Eigenthümer verbleibenden Verfügungsrecht sich nur um eine im Interesse des redlichen Verkehrs gegebene äußere Befugniß handelt, tritt hier noch viel klarer zu Tage, da das Pfandrecht, welches nach der Bestimmung des § 33 Nr. 3 der preuß. Konk.O. vom 5. Mai 1855 an den auf dem Grundstück befindlichen eingebrachten Sachen und an den noch nicht abgesonderten Früchten anerkannt wird, nach feststehender Praxis auch dem schlechtgläubigen Erwerber gegenüber als fortdauernd angesehen wird. (Siehe Dernburg I § 364 Note 8.) Als schlechtgläubig gilt hier nicht schon derjenige, der von der Verhaftung der Sachen für die Forderungen des Vermiethers oder Verpächters Kenntniß hat, sondern derjenige, der weiß, daß die Fortschaffung ohne Wissen des Pfandgläubigers und ohne gerechtfertigten Grund, also zum Zweck der Benachtheiligung des Pfandgläubigers, oder daß dieselbe gegen den ausdrücklichen Widerspruch des Pfandgläubigers erfolgt. Der schlechte Glaube schadet, da die Entziehung aus der Pfandhaftung nicht schon durch die Verfügung, sondern erst durch Hinzutritt der Fortschaffung sich vollendet, wenn er auch nur im letzteren Zeitpunkte vorhanden ist. Ist die Verfügung nach der Fortschaffung vorgenommen, so ist der Zeitpunkt entscheidend, in welchem der Dritte das dem Pfandrecht entgegenstehende dingliche Recht erworben hat. Diese Sätze dürften auch, nachdem das gesetzliche Pfandrecht des Vermiethers und Verpächters reichsgesetzlich (§ 41 Nr. 2 und 4 Reichskonkursordnung, § 709 Abs. 2 Civilprozeßordnung) Anerkennung gefunden hat, und zwar ebenfalls mit der Beschränkung, daß die eingebrachten Sachen beziehentlich die Früchte noch auf dem Grundstück befindlich sein müssen, für das Gebiet des preußischen Landrechts noch fortdauernde Geltung haben. (So auch Dernburg I § 364 Note 8.)

Daß die vorstehend behandelten Arten von Rechten, welche eine Zwischenklasse zwischen dinglichem und persönlichem Recht bilden, dem auf strenge Scheidung dieser beiden Rechte bedachten römischen Recht unbekannt sind, braucht kaum besonders hervorgehoben zu werden. Ein ähnliches Rechtsverhältniß findet sich übrigens auch bereits im römischen Recht, nämlich in dem Falle, wenn eine Sachgesammtheit, deren einzelne Stücke bestimmungsgemäß einem Wechsel unterworfen sind, wie ein Waarenlager, eine Heerde und dergleichen, verpfändet ist, wo man gemäß der Absicht des Verpfändungswillens das ordnungsmäßig Veräußerte aus der Pfandhaftung frei werden läßt (l. 24 pr. D. de pign. — Vgl. Windscheid § 226. a im Text bei Note 4). Der hier vorhandene Gegensatz zwischen Berechtigung und der dem Belasteten nach außen hin zustehenden freien Befugniß, welcher auch bei anderen dinglichen Rechten wie dem Nießbrauche vorkommen kann, ist jedoch im Grunde nur auf den Willen der Parteien zurückzuführen und sind über dieses Rechtsverhältniß die im § 6 am Schlusse enthaltenen Ausführungen zu vergleichen.

§ 3.
Aeußere Befugniß des im Grundbuch Eingetragenen.

Dieselbe Bedeutung, die im Rechtsverkehr mit beweglichen Sachen der Besitz für die äußere Befugniß hat, ist im Rechtsverkehr mit unbeweglichen Sachen, nämlich Grundstücken, Bergwerksberechtigungen und selbstständigen Gerechtigkeiten der Eintragung im Grundbuche eingeräumt, und zwar erscheint die Eintragung im Grundbuche wegen der allgemeinen Zugänglichkeit des Grundbuchs und der hierdurch herbeigeführten größeren Erkennbarkeit als ein geeigneteres Mittel.

1. Die Eintragung als Eigenthümer in dem Grundbuche gewährt dem Eingetragenen die äußere Befugniß, alle Verfügungen über das Grundstück rechtswirksam vorzunehmen. Die von dritten Personen in redlichem Glauben an die Richtigkeit des Grundbuchs und gegen Entgelt erworbenen Rechte können wegen mangelnden Eigenthums des eingetragenen Eigenthümers nicht angefochten werden (§ 9 des Ges. über den Eigenthumserwerb u. s. w. vom 5. Mai 1872); dieser Schutz kommt nur denjenigen zu Statten, die im guten Glauben an die Richtigkeit des Grundbuchs Rechte erworben haben. Kennt der Erwerber diejenigen Thatsachen, aus denen hervorgeht, daß der als Eigenthümer Eingetragene nicht wirklich Eigenthümer geworden ist oder es jetzt nicht mehr ist, daß seine Eintragung

somit eine unrichtige ist, so kann er sich auf den öffentlichen Glauben des Grundbuchs nicht berufen. Als schlechtgläubig gilt im Grundbuchrecht in Abweichung von der Begriffsbestimmung des Preußischen Landrechts (§ 15 I. 7), welches die Redlichkeit des Besitzes durch Unterlassung der gehörigen Aufmerksamkeit bei Erwerb des Besitzes als ausgeschlossen ansieht, nur derjenige, welcher von den die Unrichtigkeit der Eintragung begründenden Thatsachen wirkliche Kenntniß hat. Die Eintragung im Grundbuch bietet im Unterschied von den sonstigen Legitimationsgründen wegen der vielen Garantien, die das Gesetz gegen falsche Eintragungen geschaffen hat, eine solche Sicherheit, daß der Dritte keine Ursache hat, an der Richtigkeit der Eintragung zu zweifeln. Die Kenntniß des Erwerbers eines Grundstücks, welcher, wie dies aus dem Zusammenhang der §§ 1—4, die nur vom Erwerb im Falle freiwilliger Veräußerung handeln, zu schließen ist, durch Auflassung und Eintragung das Eigenthum erworben hat, von einem älteren Rechtsgeschäft, welches für einen Anderen ein Recht auf Auflassung dieses Grundstücks begründet, ist nicht geeignet, den Erwerber als schlechtgläubig darzustellen. Diese Kenntniß steht, wie § 4 desselben Gesetzes sagt, dem Eigenthumserwerb nicht entgegen. Da das Gesetz von dem allgemeinen Bestreben geleitet wird, im Interesse der Sicherheit des Verkehrs einen indirekten Zwang auf Eintragung des Eigenthums auszuüben — welchem Bestreben namentlich auch die Vorschriften über die Nothwendigkeit der Auflassung und Eigenthumseintragung für den Eigenthumserwerb im Wege freiwilliger Veräußerung und über die Unzulässigkeit, das durch Besitzübertragung eines Grundstücks auf Grund eines den Eigenthumserwerb bezweckenden Rechtsgeschäfts erlangte Recht dem eingetragenen Eigenthümer gegenüber einwandsweise geltend zu machen, dienen — und auch der § 4 ein Ausfluß dieses allgemeinen Prinzips ist, so ist man berechtigt, die Bestimmung des § 4 ausdehnend auf alle persönlichen Rechte auf Auflassung anzuwenden. Die Bestimmung des § 4 kann nicht, wie es meist geschieht, durch Berufung auf die verschiedenartige Natur des dinglichen und persönlichen Rechts und die hieraus sich ergebende Verwerflichkeit des Rechts zur Sache gerechtfertigt werden, die Bestimmung findet vielmehr in dem rechtspolitischen Grunde, daß auf diese Weise ein indirekter Zwang[23]) zur Eintragung herbeigeführt werden soll, ihre Rechtferti-

[23]) Deshalb findet § 4 keine Anwendung gegenüber dem Anspruche auf Uebertragung des Eigenthums an dem auf dem Grundstück befindlichen schon vorher

gung. Daß der Unterschied zwischen dinglichem und persönlichem Recht nicht die Grundlage der im § 4 getroffenen Bestimmung ist, ersieht man auch daraus, daß im § 15 desselben Gesetzes, dessen Bestimmung mit der des § 4 analog ist, dem Erwerber eines eingetragenen dinglichen Rechts gegenüber ebensowohl die Kenntniß von einem diesem Recht widerstreitenden, bereits bestehenden dinglichen Recht (welches der Eintragung bedarf) als die Kenntniß von dem Vorhandensein eines älteren persönlichen Rechts auf Erwerb eines widerstreitenden dinglichen Rechts für einflußlos erklärt wird[24]).

Da der § 4 nach dem Vorstehenden alle persönlichen Rechte auf Auflassung trifft, so ist auch anzunehmen, daß die Kenntniß des einem Anderen zustehenden persönlichen Anfechtungsrechts den Eigenthumserwerb nicht hindert. Hierbei ist jedoch die Einschränkung beizufügen, daß die Anfechtung nicht auf Mängel des Eigenthumsübertragungswillens (Zwang, Betrug, Irrthum[25]) sich gründet, in welchen Fällen die Kenntniß des Mangels, ohne Unterschied, ob derselbe Nichtigkeit oder nur das persönliche Recht der Anfechtbarkeit begründet, immer als Schlechtgläubigkeit zu behandeln ist. Ferner ist auch derjenige als schlechtgläubig anzusehen, der in Kenntniß einer die Anfechtbarkeit begründenden Arglist oder eines Delikts, z. B. in Kenntniß, daß die Veräußerung an den eingetragenen Eigenthümer arglistig zum Zweck der Benachtheiligung der Gläubiger geschehen ist, das Recht erworben hat (Achilles, Kommentar zu § 9 Abs. 2. f).

Der gute Glaube muß in dem Zeitpunkt des Erwerbs des Rechtes, d. i. (wie später ausgeführt werden wird) des dinglichen Rechts vorhanden sein. Die später erlangte Wissenschaft schadet nicht. Es ist hiernach selbstverständlich, daß auch der erst in der Person des Rechtsnachfolgers des ersten redlichen Erwerbers eintretende schlechte Glaube unschädlich ist.

---

veräußerten Holze, welcher Anspruch auch gegen den neuen Eigenthümer, der bei der Auflassung denselben gekannt hat, durchgesetzt werden kann, da für den Käufer derartiger Zubehörstücke ein Zwang zur Eintragung nicht begründet ist (Entsch. d. O.T. Bd. 78 S. 95).

[24]) Ist dem, der ein Grundstück durch Auflassung erwirbt, auch die Kenntniß von einem solchen Recht auf Auflassung, welches auf einem vor dem 1. Okt. 1872 durch Besitzübertragung erlangten Eigenthumsrecht beruht, unschädlich? Dies ist trotz der Analogie des § 15 zu verneinen. Siehe auch Entsch. d. R.G. Bd. 2 S. 326.

[25]) Dies ist deshalb hervorzuheben, weil nach der Ansicht Einzelner z. B. von Förster (Preußisches Privatrecht § 30), dem auch Achilles (Kommentar zu § 9 Abs. 1. b) folgt, der Irrthum, auch der wesentliche, nicht die Nichtigkeit, sondern nur die Anfechtbarkeit zur Folge hat.

Damit die Bestimmung des § 9 zur Anwendung kommt, muß der Erwerb außerdem ein entgeltlicher sein. Der unentgeltliche Erwerb wird dem schlechten Glauben gleich behandelt. Dies Erforderniß gilt auch für den Erwerb von Rechten, welche im Wege der Exekution gegen den eingetragenen Eigenthümer eingetragen sind. Werden Hypotheken oder Grundschulden im Zwangsvollstreckungsverfahren eingetragen, so kommt es darauf an, ob der Erwerb der durch die Hypothek oder Grundschuld versicherten persönlichen Forderung entgeltlich oder unentgeltlich stattgefunden hat (Entsch. d. R.G. Bd. 2 S. 259).

Auf den öffentlichen Glauben des Grundbuchs können endlich nur diejenigen sich berufen, welche von dem eingetragenen Eigenthümer das Eigenthumsrecht oder ein anderes dingliches Recht an dem Grundstück erworben haben. Es ist im Gesetz zwar nicht klar ausgesprochen, daß der Schutz gegen Anfechtung nur den Erwerbern eines dinglichen Rechts gewährt wird. Hierzu nöthigt jedoch die ganze Grundanlage des Gesetzes, da der öffentliche Glaube des Grundbuchs, dessen Zweck es ist, den Realkredit zu fördern, auch nur den Realberechtigten zu gute kommen soll. Derjenige, der von dem eingetragenen Eigenthümer ein persönliches Recht auf Auflassung oder Einräumung eines dinglichen Rechts oder einen sonstigen persönlichen Anspruch erworben hat, kann den öffentlichen Glauben des Grundbuchs nicht für sich anrufen, da für ihn das Grundbuch nicht die ausschließliche Erkenntnißquelle bildet. Es herrscht denn auch sowohl in der Wissenschaft als Rechtsprechung allgemeine Uebereinstimmung darüber, daß der Schutz gegen Anfechtung nur den dinglich Berechtigten zu Theil wird, ebenso wie im Rechtsverkehr über bewegliche Sachen nur diejenigen, die ein dingliches Recht von dem Besitzer der Sache erworben haben, gegen Anfechtung wegen mangelnden Eigenthums des Besitzers gesichert sind.

Eher könnte man sich versucht fühlen, den Schutz gegen Anfechtung auf diejenigen Realberechtigten zu beschränken, deren Recht im Grundbuch eingetragen ist, die also grundbuchmäßig legitimirt sind (ähnlich, wie im Wechselrecht die Beschränkung der Einreden aus dem Wechsel nur dem wechselmäßig legitimirten Gläubiger zu gute kommt) und ließe sich hierfür anführen, daß nur derjenige in gutem Glauben an das Grundbuch ein Recht erwirbt, welcher durch die im Grundbuch erfolgte Eintragung seines Rechts in erkennbarer Weise zu dem Grundbuch in Beziehung getreten ist. Diese Beschränkung muß jedoch, da sie im Gesetze keinen Anhalt findet und da sie auch mit dem vorerwähnten im Rechtsverkehr über bewegliche Sachen geltenden Grundsatze nicht in Uebereinstimmung steht, abgelehnt werden.

In Zusammenhang mit der nach § 9 dem eingetragenen Eigenthümer zustehenden äußeren Befugniß, trotz mangelnden Eigenthumsrechtes über das Grundstück zu verfügen, ist auch die Bestimmung des § 11 desselben Gesetzes zu betrachten, welche die Anfechtung dieser Verfügungen wegen mangelnden Verfügungsrechts dem Dritten gutgläubigen Erwerber gegenüber ausschließt. Der Bestimmung des § 11 ist vor der Vorschrift des § 73 der Grundbuchordnung vom 5. Mai 1872, welche für alle Verfügungsbeschränkungen des Eigenthümers behufs Erhaltung ihrer Wirksamkeit gegenüber dritten Personen die Eintragung bis zu einer bestimmten Frist fordert, der Vorzug zu geben, da der § 11 in dem die materiellen Rechtsregeln enthaltenden Eigenthumsgesetze seine Stelle hat und da es nur unterlassen worden ist, den § 73 Gr.B.O., welcher dem im Entwurf angenommenen Grundsatz entsprach, mit der bei Aenderung dieses Grundsatzes dem § 11 gegebenen anderen Fassung in redaktionelle Uebereinstimmung zu bringen (Entsch. d. R.G. Bd. 7 S. 251). Zu den „Beschränkungen des Eigenthumsrechts" im Sinne des § 1, welche mit den im § 73 der Gr.B.O. gedachten Beschränkungen des Verfügungsrechts identisch sind, sind diejenigen Verfügungsbeschränkungen zu rechnen, welche in einer besonderen Qualifikation des Eigenthums, welches als Lehn, Fideikommiß, mit Substitutionen belastetes Eigenthum ein beschränktes ist, oder in einer besonderen von dem Eigenthümer übernommenen oder demselben durch Testament oder richterliche Anordnung auferlegten Verpflichtung, nicht über das Grundstück zu verfügen, ihren Grund haben; nicht gehören hierher die Beschränkungen der persönlichen Handlungsfähigkeit des Eigenthümers, da das Grundbuch nicht dazu bestimmt ist, über die Handlungsfähigkeit des Eigenthümers Auskunft zu geben.

Die Analogie des § 11 mit dem § 9 ist darin nicht vollständig durchgeführt, daß nach § 9 nur der redliche und zugleich entgeltliche Erwerber gegen Anfechtung wegen mangelnden Eigenthums geschützt ist, während nach § 11 (sofern die Beschränkungen nicht im Grundbuch eingetragen sind) schon der redliche Erwerber gegen Anfechtung wegen mangelnden Verfügungsrechts geschützt wird, ohne daß die Entgeltlichkeit des Erwerbes verlangt wird.[26])

---

[26]) In der Lehre von der äußeren Befugniß des Besitzers findet eine ver-

2. Der eingetragene Eigenthümer ist äußerlich befugt, das Eigenthum an dem für ihn eingetragenen Grundstück unbeschränkt durch dingliche Rechte, welche nicht im Grundbuch eingetragen sind, zu übertragen und ebenso dingliche Rechte an dem Grundstück unbeschränkt durch entgegenstehende dingliche Rechte, welche nicht im Grundbuch eingetragen sind, zu begründen. Dieser Satz erleidet nach § 12 des Ges. über den Eigenthumserwerb u. s. w. für diejenigen dinglichen Rechte eine Ausnahme, welche zu ihrer Wirksamkeit gegen Dritte der Eintragung nicht bedürfen und welche daher auch demjenigen gegenüber, der von dem eingetragenen Eigenthümer ein dingliches Recht erworben hat, unbedingt geltend gemacht werden können. Hierzu gehören die im öffentlichen Recht begründeten Lasten, ferner die (diesen ähnlichen) Berechtigungen des Berggesetzes vom 24. Juni 1865, welche im Wege des Zwangsverfahrens erworben werden können, als das Schürfrecht auf fremdem Grund und Boden und das Recht zur Benutzung fremder Grundstücke, soweit solches zum Betriebe des Bergbaues erforderlich, das gesetzliche Vorkaufsrecht, die Grundgerechtigkeiten, welche nach Preußischem Landrecht auch ohne Besitzeinräumung, sofern nur ein schriftlicher Vertrag errichtet ist, dinglich werden, Miethe und Pacht, deren Dinglichkeit durch Besitzübergabe entsteht.

Daß sich der Erwerber des Rechts in Bezug auf das Nichtvorhandensein der seinem Recht widerstreitenden (der Eintragung bedürftigen) dinglichen Rechte in gutem Glauben befinden müsse, wird vom Gesetz nicht verlangt, welches gerade durch die Nichtberücksichtigung eines solchen Rechts, auch wenn dasselbe dem Erwerber des entgegenstehenden dinglichen Rechts bekannt gewesen, einen Zwang zur Eintragung des Rechts herbeiführen will. Die Kenntniß von dem Recht eines Andern auf Eintragung eines widerstreitenden dinglichen Rechts wird jedoch in § 15 desselben Gesetzes nur dem Erwerber eines *eingetragenen* Rechts gegenüber für einflußlos erklärt, da es nicht angemessen sein würde, demjenigen, der der Forderung des Gesetzes, sich eintragen zu lassen, selbst nicht Genüge leistet, eine derartige Begünstigung zuzuwenden. Der § 15 befindet sich mit dem analogen § 4[27])

schiedene Behandlung des mangelnden Eigenthumsrechts und des mangelnden Verfügungsrechts des Besitzers nicht statt. Der Erwerber wird hier gleichmäßig gegen jede Anfechtung wegen mangelnden Rechts des Besitzers geschützt.

[27]) Diese beiden Paragraphen sind übrigens durch Beziehung auf einander dahin zu ergänzen, daß dem (in Folge Auflassung) eingetragenen Eigenthümer ebenfalls die Kenntniß von dem Recht eines Andern auf Eintragung eines dinglichen Rechts, und dem eingetragenen dinglich Berechtigten ebenso die Kenntniß von dem Recht eines Andern auf Auflassung unschädlich ist.

desselben Gesetzes insofern in Uebereinstimmung, als auch dort nur dem (in Folge Auflassung) eingetragenen Eigenthümer die Kenntniß von einem widerstreitenden Rechte auf Auflassung unschädlich ist. Insoweit, als nach diesen beiden Paragraphen die Kenntniß von dem älteren Recht eines Andern auf Auflassung oder Eintragung eines dinglichen Rechts für den Erwerb des Eigenthums oder dinglichen Rechts einflußlos ist, ist für das Recht zur Sache im Grundbuchrecht kein Raum mehr; dagegen findet dasselbe noch Anwendung gegenüber dem Eigenthümer, welcher nicht durch freiwillige Veräußerung das Eigenthum erworben hat, sowie gegenüber dem nicht eingetragenen dinglich Berechtigten, und findet dasselbe wohl ebenfalls auch zu Gunsten des persönlichen Anspruchs auf Erwerb eines solchen dinglichen Rechts, welches der Eintragung nicht bedürftig ist, noch Anwendung, da das Recht zur Sache nur aus dem Grunde, um einen Eintragungszwang auszuüben, im Grundbuchrecht außer Kraft gesetzt ist und dieser Grund hier nicht zutrifft. (Letzteres wird von Dernburg I § 185 Nr. 2 bestritten.)

Das Vorhandensein des guten Glaubens wird von Bedeutung für den Fall des § 118 der Grundbuchordnung. Dieser Paragraph bestimmt, daß die Wiedereintragung einer aus Versehen des Grundbuchamts gelöschten, oder bei Ab- und Zuschreibungen nicht übertragenen Post nicht zum Nachtheil derjenigen wirkt, welche nach der Löschung Rechte an dem Grundstück oder auf eine der gelöschten gleich- oder nachstehende Post in redlichem Glauben erworben haben. Das Erforderniß des guten Glaubens ist erst infolge eines Antrages der Herrenhauskommission in das Gesetz aufgenommen, während die Regierungsvorlage nur die Bestimmung enthalten hatte, daß zum Nachtheile Derjenigen, welche nach der Löschung Rechte auf das Grundstück erworben haben, die Wiedereintragung nicht erfolgen dürfe, ohne daß zwischen gutgläubigem und schlechtgläubigem Erwerb ein Unterschied gemacht war.

Es erscheint fraglich, ob jener Grundsatz des § 118 Gr.B.O., welcher vom Gesetz nur für den beschränkten Fall gegeben ist, daß aus Versehen des Grundbuchamts die Löschung irrthümlich erfolgt ist, auf den Fall ausgedehnt werden darf, wenn die Löschung überhaupt eine irrthümliche ist, ob derjenige, welcher weiß, daß die Löschungsbewilligung gefälscht ist, oder daß dieselbe von einer handlungsunfähigen Person ausgestellt ist oder daß dieselbe wegen eines Willensmangels ungültig ist, sich gefallen lassen muß, daß die gelöschte Post mit dem Vorrecht vor dem von ihm nach der Löschung erlangten Rechte eingetragen werde.[28]) Die Ausdehnung dürfte jedoch, so gute Gründe für sie sprechen mögen, in dieser Allgemeinheit abzuweisen sein, da der § 118 hauptsächlich nur durch das Bestreben, den Grundbuchbeamten die Regreßpflicht zu erleichtern, veranlaßt ist. Nur für den Fall, daß der Erwerber eines späteren Rechts in Kollision mit Demjenigen handelt, welcher die Löschungsbewilligung gefälscht, die Ausstellung derselben durch Betrug oder Zwang veranlaßt hat u. s. w., dürfte die analoge Anwendung sich rechtfertigen lassen.

Von Dernburg (I § 275) wird bei der Lehre von der Eintragung der dinglichen Rechte die Frage aufgeworfen und nach Analogie des § 9 Eig.G. in bejahendem Sinne beantwortet, ob dem unentgeltlichen Erwerber gegenüber das nicht eingetragene (der Eintragung bedürftige) dingliche Recht verfolgt werden kann. Die analoge Anwendung des § 9 dürfte jedoch, da das Gesetz bei der Behandlung des unentgeltlichen Erwerbs nicht von einem einheitlichen Prinzip beherrscht wird und auch im § 118 der Grundbuchordnung, § 11 und § 49 des Ges. über den Eigenthumserwerb u. s. w. der unentgeltliche Erwerb dem bösen Glauben nicht gleichgestellt wird, gegründeten Bedenken unterliegen.

3. In der Konsequenz der zu 1 und 2 dargestellten Grundsätze würde es liegen, wenn man auch dem eingetragenen dinglich Berechtigten die äußere Befugniß zugestehen würde, über das für ihn eingetragene Recht wirksam zu verfügen, dasselbe abtreten, belasten oder verpfänden zu dürfen, in der Art, daß die von ihm eingeräumten Rechte wegen mangelnder Berechtigung des Einräumenden nur in denselben Fällen, wie die vom eingetragenen Eigenthümer erworbenen Rechte, also nur, wenn der Erwerb unentgeltlich oder in bösem Glauben stattgefunden hat, angefochten werden können. Förster scheint allerdings den Grundsatz des § 9 des Gesetzes über den Eigenthumserwerb verallgemeinern zu wollen. Wenn er im § 23 seines Lehrbuchs sagt, daß derjenige, welcher weiß, daß die Eintragung eines dinglich Berechtigten unrichtig ist, ein dingliches Recht am Grundstück

[28]) Die allgemein lautende Aeußerung von Förster in § 23 (S. 128 der 3. Auflage), daß derjenige, „welcher weiß, daß die Löschung eines Rechts unrichtig ist, zum Nachtheil des falsch gelöschten Rechts nicht erwerben kann“, kann leicht in diesem Sinne verstanden werden. Doch ist es zweifelhaft, ob Förster nicht hiermit bloß den Fall hat bezeichnen wollen, daß die Löschung des Rechtes zur Ungebühr (aus einem Versehen des Grundbuchamts) erfolgt ist.

von dem falsch eingetragenen Berechtigten nicht erwerben kann, so scheint er hiermit der Ansicht sich zuzuneigen, daß andererseits derjenige, der in gutem Glauben an die Richtigkeit der Eintragung von dem eingetragenen dinglich Berechtigten ein Recht erwirbt, gegen Anfechtung wegen mangelnden Rechts des Eingetragenen gesichert ist. Ausgesprochen ist diese Konsequenz im Gesetze nicht; nur in einer einzelnen Beziehung ist ein ähnlicher Grundsatz vom Gesetz zur Geltung gebracht, nämlich in der Bestimmung des § 38 Abs. 3 des Ges. über den Eigenthumserwerb u. s. w., wonach Einreden gegen das Verfügungsrecht des Klägers aus der Person seines eingetragenen Rechtsurhebers sowohl gegen die Klage aus einer Grundschuld als gegen die aus einer Hypothek unzulässig sind. Demjenigen, der von dem eingetragenen Gläubiger die Hypothek (bez. Grundschuld) oder ein dingliches Recht[29]) an der Hypothek (bez. Grundschuld) erworben hat, kann hiernach nicht der Einwand entgegengesetzt werden, daß die Hypothek (bez. Grundschuld) oder das Recht an derselben um deswillen ihm nicht zustehe, weil die Hypothek (bez. Grundschuld) auf den eingetragenen Autor nicht übergegangen sei. In dem Gesetze ist hier weder ein Unterschied gemacht, ob der Erwerber in gutem Glauben sich befand oder nicht, noch, ob der Erwerb ein entgeltlicher oder unentgeltlicher gewesen ist und steht insofern diese Bestimmung mit der Vorschrift des § 9 desselben Gesetzes nicht im Einklang. Die Hypothekennovelle vom 24. Mai 1853, welche im § 15 bereits eine gleiche Bestimmung enthielt, verlangte, daß der Erwerber in gutem Glauben sich befunden haben mußte. Weshalb jetzt dieses Erforderniß fallen gelassen ist, ist schwer zu sagen. Man könnte annehmen, wozu der Wortlaut des Gesetzes die Berechtigung giebt, daß das Gesetz nur dem mit der Hypotheken- bez. Grundschuldklage belangten Schuldner verbieten will, derartige Einreden aus der mangelnden Berechtigung des eingetragenen Rechtsurhebers des Klägers zu erheben, da der Schuldner kein Interesse hat, die Legitimation des Klägers in dieser Richtung zu bemängeln, und würde die fragliche Bestimmung, wenn man sie unter diesem Gesichtspunkt auffaßt, da sie dann mit dem öffentlichen Glauben des Grundbuchs nichts gemein hat, überhaupt nicht in dem Zusammenhang dieser Erörterungen aufzuführen sein. Andererseits liegt jedoch auch ein Bedürfniß vor, den Er-

[29]) Siehe jedoch die Bd. 7 S. 240 abgedruckte Entscheidung des Reichsgerichts, welche den § 38 auf den Erwerber eines Pfandrechts an der Hypothek als solchen nicht für anwendbar erachtet.

werber einer Hypothek (bez. Grundschuld), wenigstens den redlichen Erwerber, dagegen zu schützen, daß ihm das Hypotheken- bez. Grundschuldrecht wegen mangelnder Berechtigung seines eingetragenen Rechtsurhebers von anderen Forderungsprätendenten abgestritten wird. Versagt man diesen Schutz, so würde die Sicherheit des Hypothekenverkehrs bedeutend beeinträchtigt worden. Darf man aber den § 38 Abs. 3 so verstehen, daß er nicht bloß gegenüber dem Schuldner, sondern auch gegenüber dritten Personen Anwendung findet, so ist nicht einzusehen, weshalb auch dem unredlichen Erwerber die Begünstigung des § 38 Abs. 3 zu Theil werden soll. Vielleicht hat man bei Aufnahme der fraglichen Bestimmung in das Gesetz nur daran gedacht, daß Einreden, welche den rechtlichen Bestand der zur Legitimation des eingetragenen Rechtsurhebers vorgelegten Cession (oder Cessionen) infolge eines Mangels des der Cession zu Grunde liegenden Rechtsgeschäfts entkräften, durch die erfolgte Eintragung des Rechtsurhebers im Grundbuche dem ferneren Erwerber gegenüber haben abgeschnitten werden sollen, mag eine solche Einrede nun von dem Schuldner, oder einem Dritten erhoben werden, so daß hiernach nur noch für den Einwand der Nichtigkeit der Eintragung oder Cession Raum wäre. Daß dies wirklich der Sinn des § 38 Abs. 3 ist, wird jedoch kaum behauptet werden dürfen. Zweifellos ist nur, daß der § 38 Abs. 3 solche Einwendungen des Schuldners nicht trifft, welche die Berechtigung des eingetragenen Gläubigers aus einem auf das Rechtsverhältniß zwischen dem Schuldner und dem Gläubiger sich beziehenden Grunde, z. B. um deswillen verneinen, weil bereits von einem früheren Gläubiger die Hypothek dem Schuldner erlassen war, da über diese Einreden in dem § 38 Abs. 1 und 2 ausschließliche Bestimmung getroffen ist.

Wenn man die Gleichstellung der äußeren Befugniß des als dinglich Berechtigter Eingetragenen mit der äußeren Befugniß des als Eigenthümer Eingetragenen durchführen will, so ist ferner eine Bestimmung am Platze, nach welcher der im § 11 des Ges. über den Eigenthumserwerb ausgesprochene Grundsatz auf das eingetragene dingliche Recht übertragen wird und nach welcher der redliche Erwerber eines eingetragenen dinglichen Rechts dieses Recht unbeschränkt durch Lasten, welche auf dem eingetragenen dinglichen Recht ruhen oder auf deren Einräumung ein Dritter ein Anrecht hat, erwirbt. Theilweise ist diese Konsequenz in der Vorschrift des § 49 des Ges. über den Eigenthumserwerb verwirklicht worden. Nach dieser Bestimmung erlangen Beschränkungen des eingetragenen Gläubigers in der Verfügung über die Hypothek oder Grundschuld Rechtswirkungen gegen Dritte nur, wenn dieselben bei Hypotheken im Grundbuch eingetragen oder bei Grundschulden auf dem Grundschuldbrief vermerkt sind, oder wenn sie den Dritten bei Erwerb ihres Rechts an dem Grundstücke bekannt waren.

Die Tragweite der angeführten Bestimmung ist deshalb eine nicht ganz zweifelsfreie, weil über die Tragweite des vorher besprochenen § 38 Abs. 3 Zweifel bestehen. Erachtet man die letztere Bestimmung Dritten gegenüber nicht für anwendbar, so wird man sich versucht fühlen, den § 49 ausdehnend dahin auszulegen, daß derselbe nicht bloß bei eigentlichen Beschränkungen des Verfügungsrechts des eingetragenen Gläubigers, sondern auch dann Anwendung findet, wenn dem eingetragenen Gläubiger das Verfügungsrecht wegen Ungültigkeit der auf ihn ausgestellten Cession bez. wegen Nichtigkeit der Eintragung gänzlich ermangelt. Sicher ist, daß der Vorschrift des § 49 alle solche Beschränkungen des Verfügungsrechts unterliegen, welche der Ausfluß eines einem Dritten zustehenden besonderen dinglichen Rechts an der Hypothek oder Grundschuld sind oder welche von dem eingetragenen Gläubiger freiwillig durch Rechtsgeschäft übernommen, oder durch Testament oder richterliche Anordnung (Arrest, einstweilige Verfügung, Konkurseröffnung) ihm auferlegt sind. Achilles (Kommentar zu § 49 unter Nr. 1) bezieht den § 49 auch auf Mängel der Handlungsfähigkeit des eingetragenen Gläubigers. Dies dürfte jedoch als richtig nicht anzuerkennen sein, da das Grundbuch nicht dazu dient, über die Handlungsfähigkeit des Gläubigers Auskunft zu geben, der Erwerber in dieser Beziehung daher den Glauben des Grundbuchs nicht für sich anrufen kann. Freilich entsteht dann, wenn man diese Ansicht von Achilles verwirft und wenn man auch die Anwendbarkeit des § 38 Abs. 3 Dritten gegenüber für ausgeschlossen ansieht, beziehentlich den § 49 nicht auf den Fall des mangelnden Verfügungsrechts ausdehnt, eine Lücke im Gesetz, indem der Mangel der Handlungsfähigkeit von dem handlungsunfähig gewesenen Gläubiger nicht bloß dem ersten Erwerber, sondern auch dem ferneren gutgläubigen Erwerber entgegengesetzt werden könnte. Diese Mißlichkeit darf jedoch nicht dazu verleiten, in Widerspruch mit den sonstigen Grundsätzen über äußere Befugnisse unter den im § 49 gedachten Beschränkungen auch Mängel der Handlungsfähigkeit einzubegreifen.

Turnau (Kommentar zu § 49 E.E.G. unter Nr. 7) und Achilles (Kommentar zu § 49 unter Nr. 1) wollen zu den Beschränkungen des Verfügungsrechts auch die Einreden des Hypothekenschuldners (bez. Schuldners der Grundschuld) gegen die dingliche Klage rechnen. Gewiß mit Unrecht, da diese Einreden bereits im § 38 Abs. 1 und 2 ihre Regelung gefunden haben. Die in letzterem Paragraphen vorgesehene Beschränkung der Einreden kann zwar auch Dritten gegenüber Platz greifen, welche im Subhastationsverfahren als durch die Konkurrenz der voreingetragenen Forderung benachtheiligte Gläubiger in Ausübung der Rechte des Schuldners die Richtigkeit dieser Forderung bestreiten. Hier ist jedoch immer nur der § 38, nicht der § 49 zur Anwendung zu bringen, welcher sich von dem § 38 Abs. 1 und 2 wesentlich dadurch unterscheidet, daß er den Fall des unentgeltlichen Erwerbs bei Hypotheken dem schlechten Glauben nicht gleichstellt.

Sehr zweifelhaft ist es, ob die im § 49 für Hypotheken und Grundschulden gegebene Bestimmung für alle eingetragenen dinglichen Rechte analoge Anwendung finden darf. Die analoge Anwendung würde zwar mit Rücksicht auf die der Eintragung nach dem allgemeinen Prinzip des Grundbuchrechts zukommende Bedeutung nur konsequent sein, dieselbe wird jedoch, da die Konsequenz gerade in dem Gesetz über den Eigenthumserwerb u. s. w. vom 5. Mai 1872 häufig verlassen wird, kaum gewagt werden dürfen.[30])

§ 4.
Aeußere Befugniß im Verkehr mit Forderungen.

1. Im Interesse des Schuldners ist bei Forderungsrechten der Rechtssatz eingeführt, daß der Schuldner, der in Unkenntniß einer erfolgten Cession dem ursprünglichen Gläubiger (dem Cedenten) erfüllt, durch diese Erfüllung von seiner Schuldverbindlichkeit befreit wird. Dies ist einer der wenigen Fälle, in welchem das römische Recht zu Gunsten des Gutgläubigen und zwar hier zu Gunsten des gutgläubigen Schuldners, der ja, da durch die ohne seine Zuziehung erfolgende Cession seine Lage nicht verschlechtert werden darf, einen besonderen Anspruch auf Berücksichtigung hat, von der strengen Rechtskonsequenz eine Ausnahme zuläßt.

---

[30]) Auf die äußere Befugniß des Realberechtigten, über das eingetragene dingliche Recht unbeschränkt durch konkurrirende auf dem Grundstück haftende Rechte, welche nicht eingetragen bez. irrthümlich gelöscht sind, zu verfügen, kommen lediglich die vorher zu 2 angegebenen Grundsätze zur Anwendung.

Man hat jene Bestimmung dadurch zu erklären gesucht, daß der Cedent der Forderung trotz der erfolgten Cession noch Gläubiger der Forderung in vollem Umfange bleibt. Diese Auffassung wird namentlich von Windscheid (Lehrbuch des Pandektenrechts § 334 Note 8 und im Text) vertreten, welcher annimmt, daß die Cession erst durch die Denunziation an den Schuldner als den Akt der Besitzergreifung der Forderung sich vollende und welcher gradezu den Fall der nebeneinanderstehenden Berechtigung des Cedenten und Cessionars als einen Fall der Korrealobligation betrachtet. Von Koch (Uebergang S. 190, nach Förster § 99 Note 208) wird jene Bestimmung durch die Theorie von der Unübertragbarkeit der Forderungen gerechtfertigt. Von anderen Rechtslehren wird der Rechtssatz als eine auf Billigkeitsgründen beruhende Ausnahmeregel dargestellt. (So Bruns, Das heutige gemeine Recht in Holtzendorff's Encyklopädie.) Für die hier vertretene Auffassung enthält der Rechtssatz, welcher als ein Anwendungsfall der äußeren Befugniß sich darstellt, keine Besonderheit und würde wohl, wenn die umfassende Bedeutung des Gegensatzes zwischen Berechtigung und äußerer Befugniß allgemein anerkannt wäre, die Konstruktion, daß der Cedent bis zur Denunziation noch Gläubiger der Forderung bleibt, längst aufgegeben worden sein. Es ist zwar zuzugeben, daß diese Auffassung von dem Standpunkte des früheren römischen Rechts aus, welches dem Erwerber der Forderung nur eine mandata actio gewährte, eine Nothwendigkeit war und daß dieselbe auch jetzt noch, nachdem das römische Recht bei Cession der Forderungen eine actio utilis zugelassen hat, in den Rechtsquellen (l. 3 C. de nov. 8. 42) einen Anhalt findet. Die Wissenschaft ist jedoch nicht gebunden, die im Gesetz enthaltene Konstruktion eines Rechtsverhältnisses als maßgebend anzusehen, dieselbe hat vielmehr volle Freiheit, das Verständniß eines Rechtssatzes in Abweichung von der Auffassungsweise des Gesetzgebers zu erschließen.

Die dem Cedenten verbleibende äußere Befugniß gilt nur zu Gunsten des gutgläubigen Schuldners und zwar wird hier der Schuldner in der Regel nicht schon dadurch in schlechten Glauben versetzt, daß er überhaupt von der Cession erfahren hat, sondern nur, wenn er von zuständiger Seite von der Cession benachrichtigt worden ist. Das römische Recht fordert, daß die Denunciation von dem Cessionar[31]) ausgehe, welcher durch die Denunciation gewissermaßen

[31]) Die l. ult. D. de transact. 2, 15 erachtet, nach dem argumentum a contrario zu schließen, bei Uebertragung der Forderungen durch Erbschaftskauf jede

in den Besitz der Forderung sich setzt, während das preußische Landrecht, welches den Schuldner zugleich gegen eine falsche Benachrichtigung durch den angeblichen Cessionar sichern will, die Benachrichtigung durch den Cedenten erfordert und die Benachrichtigung durch den Cessionar beim Bestreiten des Cedenten nur dann für genügend ansieht, wenn der Cessionar die Richtigkeit seiner Angaben binnen 3 Tagen durch Vorzeigung der Cessions- und Schuldurkunde oder in anderer Weise bescheinigt (§§ 414—416 I. 11 A.L.R.).

Ausnahmsweise wird das Wissen des Schuldners von der Cession durch das Preußische Landrecht (§ 417 I. 11) dann für schädlich erklärt, „wenn klar erhellt, daß der Schuldner nur, um seinen Vortheil mit dem Schaden des Cessionarii zu befördern, in Verhandlungen mit dem Cedenten sich eingelassen hat". Es ist hiermit nicht nur der Fall der Kollusion bezeichnet, für welchen Fall es übrigens nach dem in der Einleitung Ausgeführten nicht darauf ankommen würde, ob der Schuldner zugleich seinen eigenen Vortheil erstrebt, sondern es werden weitergehend durch diese Bestimmung alle Verhandlungen, durch welche der Schuldner einen Vortheil von dem früheren Gläubiger sich gewähren läßt, sofern diese Verhandlungen nach erlangter Kenntniß des Schuldners von der Cession vorgenommen werden, dem Cessionar gegenüber für ungültig erklärt, ohne daß es weiter erforderlich ist, daß der Schuldner, welcher vielleicht sehr gut weiß, daß der Cedent in guten Vermögensverhältnissen sich befindet und der Cessionar, dem der Regreß gegen den Cedenten bleibt, deshalb keine Gefahr läuft, eine Vermögenseinbuße zu erleiden, im Erfolg eine Benachtheiligung des Cessionars beabsichtigt. Noch weiter geht für das gemeine Recht eine in neuerer Zeit mehrfach vertretene Ansicht,[32]) welche ganz allgemein durch liberatorische Verfügungen des Cedenten das Recht des Cessionars nicht als ausgeschlossen ansieht. Dem Grundsatz, daß die äußere Befugniß des Cedenten bei Kollusion des Schuldners mit dem Cedenten in Fortfall kommt, wird man übrigens auch für das heutige gemeine Recht Geltung zusprechen dürfen.

Daraus, daß der Cedent bis zur Denunciation die äußere Be-

Kenntniß des Schuldners von dem Uebergang der Forderung für diesen verbindlich. Es fragt sich jedoch, ob der Schuldner durch seine Kenntniß nur in Abschließung von Vergleichen, wovon in der Stelle allein die Rede ist, und, was dem gleichzustellen, in Eingehung von Erlaßverträgen, oder auch in der Zahlungsleistung an den Cedenten gehindert wird. Letzteres dürfte wohl nicht anzunehmen sein.

[32]) Siehe z. B. Bruns a. a. O.

fugniß behält, dem Schuldner gegenüber über die Forderung zu verfügen, ergiebt sich als selbstverständliche Folge, daß die Forderung mit denjenigen Einreden (beziehentlich Gegenforderungen) behaftet übergeht, welche der Schuldner in der Zwischenzeit, bis ihm der Cessionar bekannt gemacht geworden, aus der Person des Cedenten erworben hat. Dieser Satz erleidet natürlich dieselben Einschränkungen, welche die äußere Befugniß des Cedenten hat.

Die im Vorhergehenden dargestellten Rechtssätze finden ebenfalls Anwendung, wenn nicht der ursprüngliche Gläubiger, sondern ein späterer Gläubiger, welcher dem Schuldner gehörig bekannt gemacht war, die Forderung weiter cedirt hat. Ob auch dann, wenn der spätere Gläubiger überhaupt nicht, oder nicht in der gehörigen Weise dem Schuldner bekannt gemacht war, das Gleiche anzunehmen ist, ist sehr fraglich und dürfte wohl die Ansicht, welche diese Frage verneint, den Vorzug verdienen, da der Schuldner, welcher sich mit einem solchen nicht legitimirten Gläubiger in Verhandlungen eingelassen hat, dies lediglich auf seine Gefahr thut. Hiermit in Zusammenhang steht die Frage, ob auch Einwendungen aus der Person eines Zwischengläubigers, der dem Schuldner nicht bekannt gemacht war, aus der Zeit der bereits erfolgten Cession bis zur Bekanntmachung des neuen Erwerbers dem Schuldner entgegengesetzt werden können. Diese Frage dürfte, da der Uebergang der Forderung mit den in der Zwischenzeit von der Cession bis zur Denunciation entstehenden Einreden nur eine Folge der dem Cedenten verbleibenden äußeren Befugniß ist, ebenfalls zu verneinen sein.

Eine weitere Berücksichtigung wird dem gutgläubigen Schuldner sowohl im gemeinen Recht als im preußischen Recht nach der herrschenden Ansicht dadurch zu Theil, daß der gutgläubige Schuldner berechtigt ist, an den jüngeren Cessionar, der ihm zuerst bekannt gemacht ist, mit befreiender Wirkung zu leisten. An sich kann der Gläubiger, der die Forderung abgetreten hat, dieselbe nicht noch zum zweiten Male an einen Anderen abtreten; wird es gleichwohl dem gutgläubigen Schuldner gestattet, an den jüngeren Cessionar rechtswirksam leisten zu dürfen, so ist dem Letzteren hierdurch eine äußere Befugniß im Interesse des Schuldners gewährt. Man könnte zur Erklärung dieses Satzes sagen, daß der Cedent die ihm nach der Cession noch verbleibende äußere Befugniß auf den jüngeren Cessionar überträgt. Diese Vorstellung dürfte jedoch nicht sachentsprechend sein, da überall, wo eine vom Gesetz gegebene äußere Befugniß vorkommt, dieselbe originär in dem Willen des Gesetzes ihre Grundlage hat. Der weitergehende Satz, welcher von verschiedenen Schriftstellern für das gemeine Recht gelehrt wird, daß nämlich stets der jüngere Cessionar vorgehe, wenn er zuerst denuncirt habe, dürfte wohl keine Berechtigung haben (ebensowenig wie der analoge Satz, daß der Cedent bis zur Denunciation noch Gläubiger bleibt) und dürfte die Aufstellung dieses Satzes wohl hauptsächlich durch die Nichtberücksichtigung des Gegensatzes zwischen Berechtigung und äußerer Befugniß veranlaßt sein.[33])

Im Anschluß an die bei Uebertragung gewöhnlicher Forderungen geltende äußere Befugniß sei zugleich die äußere Befugniß behandelt, welche bei Inhaberpapieren und den verwandten Papieren, als Ordrepapieren (insbesondere dem Wechsel), Hypotheken und Grundschulden statthat. Diese Forderungsrechte haben das Gemeinsame, daß der Besitz der Urkunden, durch welche die Forderung verbrieft wird, entweder ausschließlich, wie bei den Inhaberpapieren, oder doch in Verbindung mit der aus der Urkunde (dem Ordrepapier) zu ersehenden ununterbrochenen Reihenfolge der Indossamente beziehentlich (bei Hypotheken und Grundschulden) in Verbindung mit dem Eintrage im Grundbuche und eventuell den sonstigen Legitimationsurkunden die äußere Befugniß des Gläubigers herstellt.

Der Besitzer des Inhaberpapiers ist äußerlich befugt, die Forderung aus dem Inhaberpapier dem Schuldner gegenüber geltend zu machen, der gutgläubige Schuldner wird befreit, wenn er an den Besitzer des Inhaberpapiers zahlt, ohne Unterschied, ob dieser auch wirklicher Gläubiger ist oder nicht. Weiß der Schuldner dagegen, daß der Inhaber nicht Gläubiger ist, und auch nicht von dem Gläubiger bevollmächtigt ist, so hat die Leistung an diesen keine befreiende Wirkung. Das Nichtwissen aus grobem Irrthum (culpa dolo proxima) kann hier dem Wissen nicht gleichgestellt werden. Die Ausstellung des Inhaberpapiers verfolgt gerade den Zweck, im Interesse der Erleichterung des Verkehrs die Pflicht der Legitimationsprüfung dem Schuldner abzunehmen. Dem Schuldner kann deshalb auch nicht zugemuthet werden, zur Beseitigung eines sich etwa ergebenden Verdachts, auch wenn dieser noch so dringend auftritt, irgend welche Erkundigungen anzustellen.

---

[33]) Die in dem Vorstehenden dargestellte äußere Befugniß des Cedenten und des jüngeren Cessionars findet übrigens bei Verpfändung einer Forderung oder Einräumung eines dinglichen Rechts an derselben analoge Anwendung.

(Anders Dernburg II § 88, welcher eine den Umständen entsprechende Aufmerksamkeit fordert.)

Die dem Inhaber gewährte äußere Befugniß hat zur Ausbildung der Theorie Veranlassung gegeben, daß bei Inhaberpapieren stets der Besitzer beziehentlich der Präsentant als Gläubiger anzusehen sei. Dieser Theorie, welche namentlich von v. Gerber (Deutsches Privatrecht § 161 im Text bei Note 8), der den Besitzer den Gläubiger sein läßt, und von Förster (Preußisches Privatrecht § 64 im Text bei Note 30), welcher in dem Präsentanten den Gläubiger sieht, vertreten wird, liegt die Verwechslung von äußerer Befugniß und wirklicher Berechtigung zu Grunde. Der Besitzer des Inhaberpapiers ist zwar befugt, dem Schuldner gegenüber über die Forderung zu verfügen, er wird, wie sich Thöl (Handelsrecht § 225) ausdrückt, als legitimirt vermuthet, sei es legitimirt als Gläubiger oder als Mandatar des Gläubigers; diese Befugniß ist ihm jedoch nur zur Sicherung des gutgläubigen Schuldners gegeben, die wirkliche Gläubigerberechtigung wird hierdurch nicht berührt. Betrachtet man die schon bei der Cession gewöhnlicher Forderungen vorkommenden Anwendungsfälle der äußeren Befugniß, durch deren Ausübung allerdings dem Gläubiger sein Recht genommen werden kann, durch deren Bestehen aber das Recht des wirklichen Gläubigers noch nicht aufgehoben wird, so wird es nicht befremdlich erscheinen, daß auch bei Inhaberpapieren diese äußere Befugniß, und zwar hier in weiterem Umfange, da die Ausstellung des Inhaberpapiers gerade im Interesse der Erleichterung des Verkehrs geschieht, zur Geltung kommt. Die Verwechselung zwischen Berechtigung und äußerer Befugniß liegt allerdings hier um so näher, als bei Inhaberpapieren die Ausübung der Forderung dem Schuldner gegenüber (abgesehen von dem Falle, daß durch Aufgebotsverfahren die Urkunde für kraftlos erklärt ist) davon abhängig gemacht ist, daß sich der Gläubiger durch Vorzeigung des Papiers als berechtigt legitimirt. Es ist nicht bloß der Satz wahr, daß der Schuldner mit befreiender Wirkung an den Inhaber des Papiers zahlen darf, sondern auch der Satz, daß der Schuldner überhaupt nur an den Inhaber des Papiers zu zahlen braucht. Bei der letzteren Bestimmung handelt es sich jedoch nur um die von der Frage, wer der eigentlich Berechtigte ist, gänzlich verschiedene Frage, in welcher Weise sich der Berechtigte dem Schuldner gegenüber zu legitimiren hat, um die Beweislast des Berechtigten, um es so auszudrücken, außerhalb des Prozesses. Der Schuldner kann verlangen, um gegen jede Anfechtung wegen mangelnder Berechtigung des fordernden Gläubigers gesichert zu sein, daß dieser als Inhaber des Papiers sich ausweise. Zahlt er, ohne das Inhaberpapier sich vorzeigen und aushändigen zu lassen, so setzt er sich der Gefahr aus, an den späteren gutgläubigen Erwerber des Inhaberpapiers, welcher nach Art. 307 H.G.B. ein unanfechtbares Gläubigerrecht erlangt hat, die Schuldsumme von Neuem zahlen zu müssen. Daß die Frage der Legitimationspflicht an sich mit dem Gläubigerrecht nichts gemein hat, ist z. B. auch daraus zu ersehen, daß der Forderungsberechtigte, der durch Cession der wirkliche Gläubiger der Forderung geworden ist, sobald seine Legitimation durch Hervortreten eines anderen Forderungsprätendenten zweifelhaft geworden ist, von dem Schuldner Zahlung nur verlangen kann, wenn er demselben Sicherheit für die Richtigkeit seines Anspruches bestellt, andernfalls aber die Hinterlegnng der Schuldsumme sich gefallen lassen muß. (Siehe hierüber Windscheid § 334 und § 72 R.C.P.O.) Es darf zwar nicht verkannt werden, daß mit Rücksicht auf die Nachweisungspflicht das Rechtsverhältniß materiell von dem Gesetz in der Art geordnet werden kann, daß das Gesetz nur denjenigen als Berechtigten anerkennt, welcher in einer Form, die diese Nachweisung gestattet, das Recht erworben hat. Wo aber eine solche Regelung von dem Gesetz nicht ausdrücklich getroffen ist, muß man die Legitimationsnachweisung von der Berechtigung getrennt halten.[34]) Mit Rücksicht auf die dem Besitz der Urkunde für die Nachweisung des Gläubigers zukommende Bedeutung pflegt man auch den Satz aufzustellen, daß zur Uebertragung des Forderungsrechts aus dem Inhaberpapier, wie auch aus dem verwandten Ordrepapier und der Grundschuld die Uebergabe der Urkunde erforderlich sei (so auch das Reichsgericht in Entsch. Bd. 3 S. 329). Diese Ansicht dürfte jedoch, wenigstens in dieser Allgemeinheit, nicht gebilligt werden können. Hat der Erwerber bloß das Forderungsrecht cedirt erhalten ohne Uebergabe der Urkunde, so erlangt derselbe das Recht der Ausübung der Forderung dem Schuldner gegenüber zwar erst durch die nachträgliche Beschaffung des Besitzes der Urkunde (welcher Besitz ihm übrigens nicht von dem Cedenten übertragen zu sein braucht, sondern auch in anderer Weise von ihm erworben sein

[34]) So ist zur Vollendung der Cession, wie bei gewöhnlichen Forderungen unbestritten ist, die Uebergabe der Schuldurkunde nicht nothwendig Anders bei Verpfändung von Forderungen (nach § 281 I. 20 A.L.R.), wo jedoch die Uebergabe der Urkunde zugleich die zur äußeren Erkennbarkeit des dinglichen Rechts erforderliche Form darstellt.

kann). Das Recht wird man ihm jedoch nicht bestreiten dürfen, das Inhaberpapier von dem dritten unredlichen Besitzer (durch vindicatio utilis) abzufordern. In dem anderen Falle aber, welcher, da die Abforderung des Inhaberpapiers vom dritten redlichen Besitzer unbedingt ausgeschlossen ist, allein übrig bleibt, daß der Cedent selbst oder ein Dritter für ihn das Inhaberpapier besitzt, wird man regelmäßig schon nach der Absicht der Parteien die Cession als unvollendet anzusehen haben, wenn dem Erwerber das Inhaberpapier, ohne dessen Besitz die Ausübung der Forderung nicht möglich ist, vorenthalten wird, ähnlich wie das Gläubigerrecht aus einer Hypothek (oder Grundschuld) noch nicht zum Entstehen gekommen ist, wenn der Eigenthümer zwar eine Hypothek hat eintragen lassen, den Hypothekenbrief aber dem im Grundbuch benannten Gläubiger noch nicht ausgehändigt hat. Aber auch selbst, wenn man allgemein die Richtigkeit der vom Reichsgericht ausgesprochenen Ansicht zugeben wollte, daß zur Uebertragung des Rechts aus dem Inhaberpapier die Uebergabe der Urkunde nothwendig ist, so folgt doch hieraus noch nicht, daß immer der Besitzer bez. der Präsentant der Gläubiger sei, da unzweifelhaft die Forderung aus dem Inhaberpapier vererbt werden kann u. s. w. und in diesem Falle die Verschiedenheit zwischen dem Gläubigerrecht und der Legitimationsnachweisung gleich wieder hervortritt. Es muß hiernach unter Ablehnung der Ansicht, welche in dem Besitzer oder dem Präsentanten den Gläubiger sieht, an der im § 1 S. 13 entwickelten Ansicht festgehalten werden.

Eine ähnliche äußere Befugniß wie dem Besitzer des Inhaberpapiers steht auch dem durch eine fortlaufende Reihe von Indossamenten legitimirten Besitzer eines Ordrepapiers und dem durch den Eintrag im Grundbuch (eventuell in Verbindung mit den den weiteren Uebergang der Forderung nachweisenden öffentlichen Urkunden) legitimirten Besitzer einer Hypothekenurkunde oder eines Grundschuldbriefes zu. Der an den legitimirten Besitzer des Wechsels oder des Ordrepapiers in gutem Glauben zahlende Schuldner wird hierdurch von seiner Schuldverbindlichkeit befreit, auch wenn das Indossament gefälscht oder der Besitz der Urkunde durch Delikt erlangt war (Art. 36 W.O., Art. 305 H.G.B.). Das Gleiche ist bei Hypotheken und Grundschulden nicht der Fall. Der Schuldner, der an dem legitimirten Besitzer der Hypothekenurkunde oder des Grundschuldbriefes in gutem Glauben Zahlung leistet, wird nur insofern geschützt, als aus dem Grunde, weil der legitimirte Besitzer das ihm zustehende

Gläubigerrecht bereits weiter übertragen hatte, also nicht mehr Gläubiger war, die Rechtswirksamkeit der Zahlung nicht angefochten werden kann.

Die vorstehend besprochene äußere Befugniß des Gläubigers giebt immer nur dem Schuldner ein Recht, nicht dem Gläubiger. Der Schuldner ist nicht gehindert, die Berechtigung des Gläubigers, auch wenn derselbe durch den Besitz des Inhaberpapiers u. s. w. legitimirt ist, bez. bei Ordrepapieren die Echtheit der den fordernden Gläubiger legitimirenden Indossamente zu prüfen und darf derselbe im Fall der Nichtberechtigung des ordnungsmäßig legitimirten Gläubigers, wofür jedoch der Nachweis dem Schuldner obliegt, die Zahlung verweigern.[35]) Thöl (Handelsrecht § 229 im Text vor Note 8) hält den Schuldner außerdem für verpflichtet, die Erfüllung zu verweigern, wenn ein Anderer, der die Forderung für sich in Anspruch nimmt, dies von ihm unter genügender Sicherheitsleistung für die aus der Erfüllungsverweigerung ihm entstehenden Nachtheile von ihm verlangt. Dies dürfte jedoch, wenigstens nach dem Stande der jetzigen Prozeßgesetzgebung, nicht als richtig anerkannt werden können, da diese dem Gläubiger das Mittel bietet, durch Erwirkung einer einstweiligen Verfügung, durch welche dem Schuldner die Vorenthaltung der Erfüllung beziehentlich die Hinterlegung der Schuldsumme aufgegeben wird, sein durch die Zahlung des Schuldners bedrohtes Recht sich zu erhalten, und dem Schuldner deshalb wohl nicht angesonnen werden kann, im Interesse des angeblichen Gläubigers, welcher auf diese Weise sich schützen kann, den aus der Zahlungsverweigerung für ihn entstehenden Weiterungen sich auszusetzen.

2. Der Gläubiger ist an sich nur berechtigt, die Forderung mit

---

35) Als Inhaberpapier ist auch durch das preußische Gesetz, betreffend das Pfandleihgewerbe vom 17. März 1881, der von einem concessionirten Pfandleiher ausgestellte Pfandschein anerkannt. Der § 17 dieses Gesetzes trifft die Bestimmung: der Inhaber des Pfandscheins ist dritten Personen, insbesondere dem Pfandleiher gegenüber, zur Ausübung der Rechte des Verpfänders berechtigt, ohne die Uebertragung dieser Rechte nachweisen zu müssen. Der Wortlaut der Bestimmung kann zu der Auslegung verleiten, daß der Inhaber des Pfandscheins dritten Personen gegenüber unbedingt als der Berechtigte anzusehen sei, so daß auch dem Pfandleiher der Gegenbeweis, daß der Inhaber nicht der Berechtigte ist, abgeschnitten sei. Es ist jedoch nicht anzunehmen, daß das Gesetz für den Pfandschein einen von den bei den übrigen Inhaberpapieren geltenden Grundsätzen so völlig abweichenden Grundsatz hat einführen wollen und dürfte der § 17 lediglich dahin zu verstehen sein, daß der Inhaber des Pfandscheins von der Pflicht zur Nachweisung seiner Berechtigung befreit ist.

den derselben anhaftenden Einreden und Gegenforderungen abzutreten. Auch hiervon sind im Interesse des Verkehrs zahlreiche Ausnahmen zugelassen.

Schon bei gewöhnlichen Forderungen ist man sowohl im gemeinen Recht, als im preußischen Recht bestrebt, die Gegenforderungen, welche der abgetretenen Forderung entgegengesetzt werden können, möglichst zu beschränken. Gemeinrechtlich ist die Ansicht vertreten, daß die Gegenforderung bereits im Augenblick der Bekanntmachung der Cession an den Schuldner aufrechenbar, insbesondere fällig sein müsse[36]) (siehe hierüber Dernburg, die Kompensation S. 406 ff.) oder doch, daß die Gegenforderung zu dieser Zeit bereits fällig sein müsse, wenn die cedirte Forderung damals ebenfalls fällig war (Entsch. d. R.G. Bd. 1 S. 346), und in ähnlicher Weise wird für das preußische Recht von Dernburg (II. § 106 im Text bei Note 7) gelehrt, daß die Gegenforderung nicht später als die abgetretene Forderung fällig sein dürfe, und von Förster (§ 94 Note 32) in Uebereinstimmung mit der späteren Ansicht des Obertribunals (Entsch. Bd. 43 S. 114) die Meinung vertreten, daß die cedirte Forderung nicht schon vor der Cession fällig gewesen sein und die Gegenforderung erst nach der Bekanntmachung der Cession fällig geworden sein dürfe, welche letztere Meinung mit der für das gemeine Recht vom Reichsgericht angenommenen Ansicht ziemlich übereinstimmt. Es dürfte wohl zweifellos sein, daß durch alle diese Beschränkungen der Gegenforderungen die Lage des Schuldners infolge einer Cession insofern verschlechtert wird, als er berechtigt gewesen sein wäre, dem Cedenten gegenüber von der Gegenforderung Gebrauch zu machen, auch wenn dieselbe erst später fällig geworden ist, als die Hauptforderung, sofern sie nur zur Zeit der Einklagung der Letzteren fällig ist, und der Schuldner daher in diesem seinem Rechte durch jene mehr oder weniger weitgehenden Einschränkungen immerhin beeinträchtigt wird. Gleichwohl dürften jene Einschränkungen, in welchen das entschiedene Bestreben des modernen Rechts, den Verkehr mit Forderungen zu erleichtern, zum Ausdruck kommt, und welche dem Cedenten die äußere Befugniß geben, die Forderung in einem durch Beschränkung der Gegenforderungen erweiterten Umfange zu übertragen, als ihm selbst diese Forderung zustand, als gerechtfertigt anzuerkennen sein und dürfte wohl die Dernburg'sche Ansicht vor den anderen den Vorzug verdienen.

[36]) Auch für das preußische Recht war dies früher vom O.Tr. (Entsch. Bd. 7 S. 355) angenommen.

Jenem Bestreben des modernen Rechts hat auch das Preußische Landrecht dadurch Rechnung getragen, daß es im § 316 I. 16 gegenüber einer abgetretenen Forderung Gegenforderungen ausschließt, welche dem Schuldner an einen der Zwischeninhaber der Forderung, den er zu seinem Gläubiger (durch ein von ihm abgegebenes Anerkenntniß) nicht angenommen hat, zustanden. Diese für Gegenforderungen gegebene Bestimmung will Koch (Uebergang der Forderungsrechte S. 197) und ihm folgend Förster (§ 99 im Text bei Note 228) und Dernburg (II. § 85 im Text bei Note 27) auf Einwendungen jeder Art ausdehnen. Das Reichsgericht (Bd. 4 S. 330) hat sich mit Rücksicht auf die verschiedenartige Natur der Gegenforderungen und Einreden, indem bei Gegenforderungen der Schuldner vor Geltendmachung der Hauptforderung und Entgegensetzung der Gegenforderung noch keinen wirklichen Einwand, sondern nur die rechtliche Möglichkeit hat, diesen durch Geltendmachung für sich zu begründen, gegen jene Ausdehnung ausgesprochen und dürfte die Abweisung der Ausdehnung nach Lage der bestehenden Gesetzgebung auch sicher gerechtfertigt sein. Es fragt sich jedoch, ob nicht das Bedürfniß des Verkehrs dazu führen wird, daß in kürzerer oder längerer Frist die Koch'sche Ansicht im Wege der Gesetzgebung oder des Gewohnheitsrechts zur Geltung gelangt.

Eine weitergehende Beschränkung der Gegenforderungen ist durch die Praxis (Entsch. d. O.Tr. Bd. 13 S. 278, Entsch. d. R.G. Bd. 4 S. 334) für Hypothekenforderungen eingeführt. Man nimmt nämlich an, daß Gegenforderungen aus der Person der früheren Gläubiger von dem Schuldner dem Cessionar nur dann entgegengesetzt werden können, wenn bereits eine ausdrückliche Abrechnung stattgefunden hatte (also entweder ein Abrechnungsvertrag geschlossen war oder doch der Schuldner von seinem Rechte, gegenüber einer fälligen Forderung zu kompensiren, durch einseitige an den Gläubiger gerichtete Erklärung Gebrauch gemacht hatte), und dies dem Cessionar bei Erwerbung des Rechts bekannt war, so daß der Schuldner auf Gegenforderungen, die noch nicht in Abrechnung gebracht waren, auch wenn dieselben dem Cessionar bekannt gewesen sein sollten, sich niemals berufen darf.[37]) Man motivirt dies damit, daß durch die bloße Existenz einer Gegenforderung die Hypothekenforderung noch gar nicht

---

[37]) Derselbe Rechtssatz ist auch für Grundschulden, ferner auch für Ordrepapiere und Inhaberpapiere zur Anwendung zu bringen. — Ueber die durch § 39 des Ges. über den Eigenthumserwerb herbeigeführten Aenderungen sind die Ausführungen auf Seite 34 ff. zu vergleichen.

berührt werde, also mit einem Grunde, welcher dem Hypothekenrecht nicht eigenthümlich angehört, welcher vielmehr ebensowohl auch zur Rechtfertigung des Ausschlusses von (noch nicht in Abrechnung gebrachten) Gegenforderungen gegenüber gewöhnlichen Forderungen benutzt werden könnte.

Die vorstehend bezeichneten Beschränkungen der Gegenforderungen dürften, da man den Grund derselben in einer im Interesse des Verkehrs dem Cedenten gegebenen äußeren Befugniß zu erblicken hat, nach dem allgemeinen in der Einleitung hervorgehobenen Grundsatze dann in Fortfall kommen, wenn der Cedent arglistigerweise die Forderung einem Andern übertragen hat, um dem Schuldner die Möglichkeit der Geltendmachung der Gegenforderung, deren demnächstige Entgegensetzung durch den Schuldner er nach den vorliegenden Verhältnissen, z. B. weil der Schuldner wegen Unvermögenheit des Gläubigers kein anderes Befriedigungsmittel für seine Gegenforderung hatte, mit Sicherheit erwarten durfte, abzuschneiden, und dem Erwerber diese Arglist des Cedenten bekannt war.[38]) Jedenfalls kann der Schuldner demjenigen Cessionar gegenüber von seinen Gegenforderungen dem Cedenten gegenüber begründeten Gebrauch machen, welchem die Forderung zur Geltendmachung zwar in seinem eigenen Namen, aber für Rechnung des Cedenten übertragen ist.

In einem viel weiteren Umfange sind die Einreden des Schuldners nach der deutschen Wechselordnung gegenüber dem gutgläubigen Erwerber eines Wechsels beschränkt. Der Wechselgläubiger (Trassant, Indossatar, Inhaber eines mit Blankoindossament versehenen Wechsels) ist äußerlich befugt, die Wechselforderung frei von gewissen Einreden wechselmäßig zu übertragen. Diese Begünstigung kommt nur demjenigen Erwerber des Wechsels zu gute, welcher die Forderung wechselmäßig, d. i. als Indossatar oder als Nehmer eines Blankoindossaments erwirbt, während der Erwerber eines Wechsels, dem die Forderung cessionsweise übertragen ist, sämmtliche Einwendungen und Gegenforderungen aus der Person seines Cedenten (soweit nicht bei der Cession gewöhnlicher Forderungen Ausnahmen zugelassen sind) sich gefallen lassen muß. Ausnahmsweise hat die wechselrechtliche Form der Uebertragung nicht diese Wirkung der Befreiung von Einreden,

[38]) Vergleiche hierzu Windscheid § 332 im Text bei Note 6, welcher im Fall der arglistigen Uebertragung den persönlichen Erlaßvertrag, durch welchen nur dieser bestimmte Gläubiger hat ausgeschlossen werden sollen, auch dem Cessionar desselben gegenüber wirksam sein läßt.

wenn der protestirte Wechsel indossirt wird, da in diesem Falle, wo der nicht bezahlte Wechsel nunmehr im Regreßwege an den Aussteller zurückgelangen sollte, die Begünstigung des weiteren Umlaufes des Wechsels nicht am Platze ist. (Art. 16 Abs. 2 W.O.)

Der Art. 82 W.O. beschränkt die Einreden,[39]) deren sich der Wechselschuldner bedienen darf, auf solche Einreden, „welche aus dem Wechselrecht hervorgehen, oder dem Wechselschuldner unmittelbar gegen den jedesmaligen Kläger zustehen". Diese vom Gesetz gegebene Eintheilung stellt sich jedoch bei der Anwendung auf die einzelnen Einreden als undurchführbar heraus. Es ist z. B. schwer einzusehen, weshalb Einreden, welche sich auf Mängel des Vertragswillens bei Eingehung des Wechselvertrages begründen, welche Einreden, wie in der Praxis unbestritten[40]) ist, nicht allgemein einem jeden Wechselgläubiger entgegengesetzt werden können (siehe Rehbein, Kommentar zur A. d. W.O. zu Art. 82 unter Nr. 5), als nicht aus dem Wechselrecht hervorgehend angesehen werden sollen, während andererseits die Einrede der mangelnden Wechselfähigkeit, welche sich lediglich nach den allgemeinen civilrechtlichen Grundsätzen über Handlungsfähigkeit bestimmt, als eine aus dem Wechselrecht hervorgehende Einrede behandelt wird, da auch durch Einreden der ersteren Art immer der rechtliche Bestand des Wechselvertrages als solcher entkräftet wird. Der Einwurf, daß die Einrede der Wechselunfähigkeit um deswillen zu den aus dem Wechselrecht hervorgehenden Einreden zu zählen sei, weil die Wechselordnung selbst im Art. 1 über die Wechselfähigkeit Bestimmung trifft, während der Einreden aus Mängeln des Wechselvertragswillens in der Wechselordnung keine ausdrückliche Erwähnung

---

[39]) Einwendungen gegen die urkundliche Legitimation des Wechselklägers werden durch Art. 82 nicht getroffen. Nur der legitimirte Wechselkläger genießt die Begünstigung des Art. 82. Deshalb sind Einreden aus der Fehlerhaftigkeit des Wechsels, aus Durchstreichungen u. s. w. gegen jeden Kläger zulässig. Daß der Kläger einem solchen Einwande gegenüber auch nicht mit der Replik gehört wird, daß die Durchstreichung u. s. w. nur aus einem Versehen oder böswillig durch einen Unbefugten geschehen sei, beruht auf der dem Wechselrecht eigenthümlichen Bedeutung der Wechselform, deren Vernichtung zugleich die Vernichtung des Wechselrechts bewirkt. — Im Uebrigen bezieht sich Art. 82 sowohl auf Einreden, welche die Nichtigkeit, als auf Einreden, welche nur die Anfechtbarkeit des klägerischen Rechts behaupten.

[40]) v. Gerber (Deutsches Privatrecht § 217 Note 2) will auch diesen Einreden allgemein Wirksamkeit gegenüber jedem Dritten beilegen. Derselbe steht jedoch mit dieser Ansicht, soviel dem Verfasser bekannt, auch in der Doktrin allein da.

geschieht, dürfte wohl kaum erhoben werden, da offenbar der formelle Umstand, ob eine Einrede in der Wechselordnung vorkommt, für die Klassifikation der Einrede nicht entscheidend sein kann. Ferner entstehen große Schwierigkeiten bei der Frage, unter welche der beiden Kategorieen die Einrede der Zahlung unterzuordnen sei; die Einrede der Zahlung — das materielle Erforderniß vorausgesetzt, daß durch die Zahlung die Wechselobligation selbst hat getilgt werden sollen — dürfte als solche immer eine Einrede aus dem Wechselrecht sein. Allein es ist anerkannten Rechtens, daß die Zahlung, wenn dieselbe nicht zugleich auf dem Wechsel vermerkt ist, dem gutgläubigen Erwerber des Wechsels nicht entgegengesetzt werden kann. Hiernach dürfte es gerechtfertigt sein, die gesetzliche Eintheilung zu verlassen[41]) und die gegen eine Wechselforderung zulässigen Einreden unter einem anderen Gesichtspunkt neu zu ordnen. Als selbstverständlich erscheint es, daß der Wechselschuldner solche Einreden dem Kläger entgegensetzen darf, welche aus der Person des Klägers entstanden sind, wie Einreden aus einer mit dem Kläger getroffenen Vereinbarung, die Einrede der Wechselverjährung u. s. w., soweit nicht aus der besonderen Natur des Wechsels, als eines abstrakten Summenversprechens sich Ausnahmen ergeben. Von diesen Einreden wird hier gänzlich abgesehen, da es sich bei der vorliegenden Abhandlung nur um den Uebergang solcher Einreden handelt, welche aus der Person eines Vorgängers des Klägers, mag dies ein früherer Wechselgläubiger, oder im Falle der Wechselregreßklage ein späterer Wechselgläubiger sein, begründet sind. Für diese letzteren Einreden dürfte sich mit Rücksicht auf den vom Gesetz erstrebten Zweck, im Interesse der erleichterten Umlaufsfähigkeit des Wechsels den gutgläubigen Erwerber desselben möglichst gegen Einreden zu sichern, folgende Eintheilung als die natürlichste sich ergeben, daß zuerst die Einreden, welche aus dem Wechsel (nicht Wechselrecht) hervorgehen, zu behandeln sind, sodann die Einreden, welche wegen Kenntniß des Erwerbers beziehentlich wegen der Arglist desselben oder wegen unentgeltlichen Erwerbs zugelassen werden, und endlich diejenigen Einreden, welche der gutgläubige Erwerber ausnahmsweise gegen sich gelten lassen muß, weil sonst der Verlierer der Einrede einen unbilligen, von ihm nicht verschuldeten Nachtheil erleiden würde.

---

[41]) Auch Thöl (Wechselrecht § 181) verwirft diese Eintheilung, da die im Gesetz gebrauchte Bezeichnung dunkel und irreführend sei und kein festes Prinzip zur Entscheidung der Einzelfragen an die Hand gebe.

Zunächst sind Einreden zulässig, welche sich aus dem Wechsel oder aus der zu dem Wechsel gehörigen Protesturkunde ergeben, und zwar sind dieselben, da kein Erwerber sich mit der Unwissenheit entschuldigen kann, unbeschränkt gegen jeden Dritten wirksam. Es ist hiernach gegen jeden Dritten die Einrede statthaft, daß dem Wechsel die formellen Erfordernisse eines solchen fehlen, indem deren Vorhandensein aus der Wechselurkunde selbst erkannt werden kann, ebenso (gegenüber einer gegen den Indossanten oder gegen den Acceptanten eines domicilirten Wechsels gerichteten Wechselklage), daß die formellen Erfordernisse einer Protesturkunde fehlen, indem das Vorhandensein eines solchen Mangels aus der Protesturkunde beziehentlich aus der Protesturkunde in Verbindung mit dem Inhalt der Wechselurkunde zu ersehen ist.[42]) Einwendungen, welche gegen das Verfahren bei der Protesterhebung gerichtet sind, kann eine gleiche allgemeine Wirksamkeit nicht beigelegt werden. So hat das Reichsgericht (Bd. 2 S. 60) — allerdings nur für den damals zur Entscheidung stehenden beschränkten Fall, daß der Beklagte die Prüfung der Ordnungsmäßigkeit des Protestes dem Gericht überlassen hatte — entschieden, daß die Formrichtigkeit der Protesturkunde aus dem Grunde, weil die Protestaufnahme statt in dem Geschäftslokal des Protestaten in der Wohnung desselben stattgefunden hat, nicht beanstandet werden könne, sofern der Wechsel über das Vorhandensein eines Geschäftslokals des Protestaten keine Andeutung enthält. Auch dann, wenn der protesterhebende Beamte irrthümlich die Präsentation des Wechsels an eine falsche Person, welche sich als Protestat ausgegeben hatte, oder in einer falschen Wohnung, welche ihm als Wohnung des Protestaten bezeichnet war, bewirkt hat, dürfte nicht anzunehmen sein, daß hieraus ein allgemein wirkender Mangel der Protesturkunde sich ergiebt. Nur dann wird eine Einrede gegen jeden Wechselkläger gegeben werden müssen, wenn eine Fälschung der Protesturkunde beziehentlich eine wissentlich falsche Beurkundung (welcher vielleicht eine falsche Beurkundung aus grobem Versehen gleichzustellen ist) stattgefunden hat, eine Einrede, welche nicht hierher, sondern unter die dritte Kategorie zu stellen ist.

Ist die Zahlung oder eine sonstige Tilgungsart der wechselrecht-

---

[42]) Das Fehlen einer vom Gesetz vorgeschriebenen Beurkundung in der Protesturkunde kann auch nicht durch den Nachweis ersetzt werden, daß das Verfahren bei der Protesterhebung in Wirklichkeit ein ordnungsmäßiges war und nur die Beurkundung des bezüglichen Umstandes aus einem Versehen unterblieben ist. (R.G. Bd. 3 S. 90.)

lichen Obligation auf dem Wechsel vermerkt, so kann der Einwand der Zahlung u. s. w. gegenüber jedem Kläger geltend gemacht werden. Diesem Einwande kann der Kläger übrigens auch nicht mit der Replik begegnen, daß in Wirklichkeit die Zahlung u. s. w. nicht geschehen sei, und insofern ist die Bemerkung von Thöl, welche derselbe in seinem Wechselrecht (§ 183 III) macht, ganz zutreffend, daß die Wechselform zerstört werde, wenn das Papier die ganz allgemeine Bemerkung, daß gezahlt sei, enthält.[43])

Hervorzuheben ist noch, daß Einreden, welche auf das dem Wechselausstellungsvertrage oder dem Wechselbegebungsvertrage unterliegende Rechtsverhältniß sich beziehen, die Einrede der mangelnden Deckung und der mangelnden Valuta auch nicht dadurch gegen jeden Wechselkläger wirksam gemacht werden können, daß dieselben auf dem Wechsel vermerkt werden. Die Aufnahme einer solchen Einrede in die Wechselurkunde würde, da diese Einreden dem Begriff des Wechsels als eines abstrakten Summenversprechens widerstreiten, der als Wechsel bezeichneten Urkunde die Eigenschaft eines Wechsels (wenigstens für die nach dem Eintrage der Einrede stattfindenden Begebungen des Wechsels) entziehen.

Ferner sind diejenigen Einreden gegen den Wechselkläger zulässig, die diesem bei Erwerb des Wechsels bekannt waren, nur daß die Einrede der mangelnden Valuta und der mangelnden Deckung nicht allgemein schon deshalb, weil der Erwerber von dem Bestehen dieser Einrede Kenntniß hatte, demselben entgegengesetzt werden können. Da der Wechsel, als ein abstraktes Summenversprechen, welches von dem Grunde der Uebernahme der Verpflichtung vollständig absieht, nicht dazu bestimmt ist, den aus diesem Verhältniß sich ergebenden Rechtsbeziehungen Schutz zu gewähren und der Erwerber des Wechsels deshalb sich dabei beruhigen darf, daß es dem Einwandsberechtigten schon gelingen werde, die noch fehlende Valuta oder Deckung von dem ihm persönlich Verpflichteten zu erlangen, so kann in dem bloßen Wissen von einer solchen Einrede eine Schlechtgläubigkeit noch nicht gefunden werden. Nur in dem Falle, daß dem Erwerber eine besondere Arglist zur Last fällt, ist der Einwand ihm gegenüber zulässig. Aehnlich sind Einreden zu beurtheilen, welche dahin gehen, daß der

[43]) Anders ist es natürlich, wenn aus der begleitenden Protesturkunde erhellt, daß die Quittung (welche das Datum des Verfalltages trägt) nur für den Fall der Zahlung auf den Wechsel geschrieben, also ersichtlich bedeutungslos ist (R.G. Bd. 7 S. 67).

Wechselberechtigte gemäß besonderer Abmachungen nicht befugt sein soll, den Anspruch aus dem Wechsel zu erheben, bevor gewisse Bedingungen erfüllt worden sind, insbesondere bevor die Valuta gezahlt worden ist. Derartige Einreden können demjenigen Wechselkläger gegenüber vorgeschützt werden, der beim Erwerb des Wechsels nicht nur von dem Bestehen einer solchen Einrede, sondern auch davon, daß der Wechsel ihm zu dem Zwecke begeben ist, um diese Einrede abzuschneiden, Wissenschaft gehabt hat. Dagegen sind in diese Kategorie alle Einreden zu setzen, welche darin ihren Grund haben, daß der Wechselvertragswille nicht oder nur mangelhaft zu Stande gekommen sei, wie die Einrede der Simulation, soweit solche nach allgemeinen Grundsätzen überhanpt zuläßig ist, des Zwanges, des Betruges, die Einrede, daß der Wechselnehmer den Wechsel von dem Aussteller auf eine Forderung in Zahlung erhalten, die Annahme des Wechsels aber abgelehnt habe und darauf baar bezahlt worden sei, also der Einwand, daß der Wechselbegebungsvertrag trotz des auf dem Wechsel vorhandenen Indossaments nicht zu Stande gekommen sei (R.G. Bd. 5 S. 82, wo übrigens die Einrede als eine Einrede aus dem Wechselrecht bezeichnet ist, obgleich der gutgläubige Erwerber des Wechsels eine solche Einrede nicht zu erleiden hat). Ferner gehört hierher die Einrede der Tilgung des Wechsels, sei es durch Zahlung (vorausgesetzt natürlich, daß die Zahlung behufs Tilgung des Wechsels, nicht behufs Erfüllung einer dem Indossanten obliegenden Regreßpflicht, oder zu Ehren des Ausstellers oder eines Indossanten geleistet ist) oder durch eine andere Tilgungsart, durch stattgehabte Aufrechnung, durch Verrechnung im Kontokurrent, durch Erlaß u. s. w., welche Einreden, auch ohne auf dem Wechsel vermerkt zu sein, dem schlechtgläubigen Erwerber entgegengesetzt werden können. Endlich ist hierher zu rechnen die Einrede, daß die Wechselverpflichtung nach einem auf das unterliegende Schuldverhältniß sich beziehenden Verbotsgesetze ungültig ist, wie daß der Wechsel auf verbotenem Spiel, unkonsentirten Offiziersdarlehn u. s. w. beruht.

Die Durchführung dieser Einreden gegen Dritte ist davon abhängig, daß dieselben bei Erwerb des Wechsels und zwar spätestens bei dem wechselmäßigen Erwerb des Wechsels von dem thatsächlichen Begründetsein der Einrede Kenntniß hatten. Eine später erlangte Kenntniß schadet nicht.[44]) Dem bösgläubigen Erwerber kann der-

[44]) Thöl (Wechselrecht § 182 und öfter) bezeichnet die nicht gegen jeden Kläger wirkenden Einreden als „Einreden gegen die Ausübung der Wechselfor-

jenige, welcher aus grober Fahrlässigkeit sich in gutem Glauben befindet, wohl nicht gleichgestellt werden, da man von dem Erwerber eines Wechsels, welcher lediglich das in der Wechselurkunde ausgedrückte Rechtsverhältniß für sich als maßgebend anzusehen braucht, die Einziehung irgend welcher Erkundigungen zur Beseitigung eines ihm entgegengetretenen Verdachts nicht verlangen kann.

Der unentgeltliche Erwerb steht an sich dem bösen Glauben nicht gleich. Die Erörterung der Frage nach dem Erwerbsgrund, ob der Wechsel entgeltlich oder unentgeltlich erworben ist, soll im Wechselrecht vollständig ausgeschlossen sein, ebenso wie auch das Wechselrecht auf den Schuldgrund der übernommenen abstrakten Wechselverpflichtung keine Rücksicht nimmt. Kommt jedoch hinzu, daß der unentgeltliche Erwerber des Wechsels den Wechselanspruch nicht in seinem eigenen Interesse, sondern für Rechnung seines Indossanten geltend macht, so muß er die aus dem arglistigen Verhalten des Letzteren begründeten Einreden gegen sich gelten lassen, auch wenn er von diesen Einreden erst im Laufe des Prozesses, also nach dem Erwerb der Wechselforderung erfährt. Das Reichsgericht (Bd. 4 S. 101) hat dies für den Fall angenommen, daß der Wechselschuldner durch Betrug des Indossanten zum Accept bestimmt war (was wohl auf jeden Fall einer den Indossanten treffenden Arglist auszudehnen sein dürfte), da ein solcher Wechselgläubiger, wenn er nach der im Prozeß erhaltenen Kenntniß im Interesse des eigentlichen Wechselgläubigers und um diesem die Vortheile seiner Arglist zu sichern, den in eigenem Namen geltend gemachten Anspruch aufrecht erhält, sich damit „zum Werkzeug fremder Arglist macht".

Eine besondere Kategorie nehmen diejenigen Einreden ein, welche, obschon sie weder aus dem Wechsel sich ergeben, noch dem Wechselkläger bei Erwerb bekannt waren, dennoch um deswillen zuzulassen sind, weil sonst dem Wechselschuldner, der gegen ihr Entstehen sich in keiner Weise schützen konnte, eine große Unbilligkeit widerfahren würde. Dernburg (II § 86) faßt diese Einreden unter dem Gesichtspunkt zusammen, „daß die Scriptur bei der Ausstellung die wesentlichen Bedingungen juristischer Geltung haben muß". Mit diesem formellen Gesichtspunkt ist jedoch wenig gewonnen, es kommt vielmehr materiell, wie dies auch von Dernburg (a. a. O.) anerkannt wird,

derung". Diese Bezeichnung kann leicht zu dem Mißverständniß führen, daß es genügt, wenn nur bei Ausübung der Wechselforderung der Kläger in schlechtem Glauben sich befindet, was nicht richtig ist.

darauf an, ob der in der Wechselurkunde als Schuldner Aufgeführte an dem Entstehen der Einrede keinerlei Schuld hat. Der Kreis dieser Einreden ist natürlich ein sehr begrenzter und sind hierher nur zu rechnen die Einrede der Fälschung, des unüberwindlichen Zwanges und der mangelnden Wechselfähigkeit.

Die Einrede der Fälschung ist begründet, wenn der Inhalt der Wechselurkunde durch Aenderungen des Textes oder Zusätze, wie durch den Zusatz des Domicilvermerks u. s. w. nachträglich gefälscht ist oder die auf dem Wechsel befindlichen Namensunterschriften fälschlich angefertigt sind, nicht aber, wenn der Wechselschuldner einen noch nicht vollständig ausgefüllten Wechsel oder ein Wechselblanket aus den Händen gegeben hat und demnächst der Wechsel unbefugt oder vertragswidrig ausgefüllt ist. Gegen den hier stattfindenden Vertrauensbruch konnte sich der Beklagte dadurch schützen, daß er den Wechsel unausgefüllt nicht aus seinen Händen gab. Dem gutgläubigen Erwerber des Wechsels gegenüber kann daher ein Einwand hieraus nicht erhoben werden.[45]) Auch dann, wenn der (ausgefüllte oder unausgefüllte) Wechsel ohne Willen des Ausstellers des Wechsels aus dessen Gewahrsam entzogen und in den Verkehr gebracht wird, wird eine allgemein gegen jeden Kläger wirkende Einrede versagt werden müssen.[46]) Von dem Aussteller einer ihn verpflichtenden Wechselerklärung wird verlangt werden dürfen, daß er auf die immerhin mögliche Zufälligkeit, daß der Wechsel ihm gegen seinen Willen abhanden komme, Rücksicht nehme. Er hat deshalb (im Verhältniß zu dem gutgläubigen Erwerber des Wechsels) den Schaden zu tragen, der dadurch entstanden ist, daß er eine ihn verpflichtende Wechselerklärung schon vor Gebrauch derselben ausstellt.

---

[45]) Zur Erklärung dieses Satzes braucht man nicht die Kreationstheorie aufzustellen. Uebrigens läßt die Kreationstheorie in dem ganz gleich zu behandelnden Falle in Stich, wenn der Aussteller des Wechsels bei Ausstellung desselben gar nicht die Absicht hatte, sich zu verpflichten, sondern erst später bei Begebung des Wechsels eine Verpflichtung zu übernehmen beabsichtigte. — Anders will Thöl (§ 182) den in dem Text bezeichneten Fall entscheiden, weil die Einrede eine Einrede gegen das Recht aus dem Wechsel sei.

[46]) Vgl. auch Entscheidung des Reichsgerichts Bd. 8 S. 44, wo darin, daß der beklagte Indossant nicht vorsichtigerweise die leeren Stellen des Wechsels vor der Weitergabe desselben ausgefüllt hatte, um sich gegen etwaige Fälschungen sicher zu stellen, noch nicht eine den Ausschluß der Einrede der Fälschung rechtfertigende Verschuldung gesehen wird, da der Beklagte auf den strafgesetzlich gegen Fälschungen gewährten Schutz vertrauen durfte.

Ferner wird übereinstimmend angenommen, daß der Wechselschuldner, welcher durch unüberwindlichen Zwang zur Eingehung einer Wechselverpflichtung veranlaßt ist, durch eine gegen jeden Kläger wirkende Einrede geschützt ist (Dernburg II § 87, Rehbein Kommentar zu Art. 82 Note 5). Anderer Zwang kann nicht gleich behandelt werden, da hier den Schuldner, welcher dem Zwange sich hätte entziehen können, immerhin eine gewisse Verschuldung trifft und noch weniger kann der Einrede des Irrthums oder Betruges eine Wirksamkeit gegen jeden Wechselkläger zukommen, da in diesen Rechtsverhältnissen in noch höherem Grade eine Verschuldung des Schuldners mitunterläuft, welcher durch größere Sorgfalt den Irrthum hätte vermeiden können.

Endlich wird allgemein die Einrede der mangelnden Wechselfähigkeit, welche nach Art. 1 der Wechselordnung mit der Einrede der mangelnden Handlungsfähigkeit identisch ist, als gegen jeden Dritten durchgreifend angesehen, da der Handlungsunfähige, welchem die nöthige Einsicht, um gegen Uebernahme nachtheiliger Verpflichtungen sich zu schützen, von dem Gesetz nicht zuerkannt wird, eines solchen Schutzes bedürftig erscheint.[47]) Zu unterscheiden hiervon ist der Fall, wo der Schuldner zwar die allgemeine Handlungsfähigkeit besitzt, wo demselben jedoch aus besonderen Gründen, aus Gründen des Familienrechts oder im Interesse des Staates u. s. w. die Verpflichtungsfähigkeit entzogen oder beschränkt ist, wie dies z. B. bei der Verpflichtungsunfähigkeit der Hauskinder und Ehefrauen und bei der Darlehnsunfähigkeit der Offiziere der Fall ist.

Die bei der Lehre vom Wechsel gewonnenen Grundsätze lassen sich mit wenigen Modifikationen auch auf das bei Ordrepapieren im Allgemeinen, und das bei Inhaberpapieren, Hypotheken und Grundschulden stattfindende Rechtsverhältniß anwenden. Auch bei Ordrepapieren[48]) können die aus der Person eines früheren Gläubigers

---

[47]) Es dürfte sich fragen, ob dieser weitgehende Schutz auch zu Gunsten eines solchen Minderjährigen, der dem Alter der Großjährigkeit ziemlich nahe steht und auch genügende Einsicht besitzt, gerechtfertigt ist. Doch dürfte eine dementsprechende Beschränkung des Grundsatzes, da die Grenze eine zu willkürliche ist, kaum gewagt werden dürfen.

[48]) Betreffs der Ordrepapiere enthält Art. 303 Abs. 2 H.G.B. die dem Art. 82 W.O. ähnliche Bestimmung, daß der Verpflichtete sich nur solcher Einreden bedienen darf, „welche ihm nach Maßgabe der Urkunde selbst oder unmittelbar gegen den jedesmaligen Kläger zustehen." — Es sei hierbei, um einer etwaigen mißverständlichen Auffassung vorzubeugen, noch darauf hingewiesen, daß

begründeten Einreden dem Kläger gegenüber nur vorgeschützt werden, wenn dieselben aus der Urkunde sich ergeben oder wenn dieselben auf die mangelhafte Entstehung des Verpflichtungsvertrages oder die Tilgung der Verpflichtung sich beziehen und dem Kläger bei Erwerb des Papieres bekannt waren, oder wenn den in der Urkunde aufgeführten Schuldner keine Schuld an ihrem Entstehen trifft. Einreden, welche aus dem persönlichen Schuldverhältniß, das der im Ordrepapier übernommenen Verpflichtung zu Grunde liegt, entnommen sind, sind — auch bei Ordrepapieren, in denen der Schuldgrund bezeichnet ist, da auch bei diesen im Interesse der erleichterten Umlaufsfähigkeit des Ordrepapiers eine Trennung der auf das persönliche Schuldverhältniß sich beziehenden Einreden, welche den dritten Erwerber an sich nicht angehen, und der die Forderung aus der Urkunde betreffenden Einreden als gewollt anzunehmen ist — nur im Falle einer den Erwerber treffenden Arglist diesem gegenüber zulässig.

Die letzteren Einreden aus dem persönlichen Schuldverhältniß fallen bei Inhaberpapieren gänzlich fort, da der Aussteller eines Inhaberpapiers bei der Ausstellung gar nicht in ein konkretes Rechtsverhältniß zu einer bestimmten Person eintritt. Aus demselben Grunde, weil eine bestimmte Person nicht als Gegenkontrahent bei der Ausstellung des Inhaberpapiers betheiligt ist, können auch Einreden aus der mangelhaften Entstehung der Verpflichtung hier nicht vorkommen. Einreden, die sich auf die Tilgung der im Inhaberpapier ausgedrückten Forderung gründen, sind nicht schon jedem Erwerber des Inhaberpapiers gegenüber zulässig, der die Tilgung der Forderung gekannt hat. Der Erwerber kann sich darauf berufen, daß dieser Umstand allein, da nach dem Willen des Ausstellers das Inhaberpapier ein die Stelle von baarem Gelde vertretendes Cirkulationsmittel sein soll, für ihn gleichgültig sein darf. Nur dann, wenn der Schuldner das eingelöste Inhaberpapier zugleich sich hat

der vom Reichsgericht (Bd. 3 S. 163) aufgestellte Rechtssatz, daß der Erwerber einer Namensaktie in die von dem Vorgänger der Aktiengesellschaft gegenüber übernommenen besonderen Verpflichtungen nicht eintritt, nicht in einer äußeren Befugniß des Uebertragenden ihren Grund hat (wie denn auch die Uebertragung einer Namensaktie gar nicht durch Indossament zu geschehen braucht), sondern darin seine Erklärung findet, daß die Aktie das Miteigenthum am Gesellschaftsvermögen beurkundet (Thöl Handelsrecht § 150), und daß durch Uebertragung der Aktie, wie auch sonst bei Uebertragung von Miteigenthum oder überhaupt eines dinglichen Rechtes, die obligatorischen Verpflichtungen, die der Uebertragende eingegangen war, nicht ohne Weiteres auf den Erwerber übergehen.

zurückgeben lassen, also das Seinige gethan hat, um es aus dem Verkehr zu ziehen, und das Papier demnächst durch unerlaubte Handlung wieder in den Verkehr gebracht ist, kann der Einwand der Tilgung gegenüber dem mit diesem Sachverhalt bekannten Erwerber erhoben werden. Auch im Falle der Kollusion des Erwerbers ist gegen diesen ein Einwand gegeben. Im Uebrigen können dem Besitzer des Inhaberpapiers (abgesehen von Einreden aus einer besonderen Vereinbarung des Schuldners mit demselben) nur solche Einreden von dem Schuldner entgegengesetzt werden, gegen deren Entstehen der Schuldner sich nicht hat schützen können. Daß zu dieser Art von Einreden die Einrede des Schuldners nicht gehört, daß das von ihm ausgestellte Inhaberpapier ohne seinen Willen in den Verkehr gebracht worden, wird allgemein anerkannt.

Ueber die Beschränkung der Einreden gegen die Klage aus einer Hypothek oder Grundschuld trifft der § 38 Ges. vom 5. Mai 1872 über den Eigenthumserwerb u. s. w. in Abs. 1 und 2 die Bestimmung, daß gegen die Klage aus einer Grundschuld Einreden nur insoweit zulässig sind, als sie dem Beklagten gegen den jedesmaligen Kläger unmittelbar zustehen oder aus dem Grundschuldbrief sich ergeben, oder die Thatsachen, auf welche sich dieselben gründen, dem Kläger beim Erwerb der Grundschuld bekannt gewesen sind, und daß gegen die Klage aus einer Hypothek Einreden aus dem persönlichen Schuldverhältniß einem Dritten, welcher ein Recht auf die Hypothek gegen Entgelt erworben hat, nur entgegengesetzt werden können, wenn sie ihm vorher bekannt gewesen sind oder aus dem Grundbuch sich ergeben. Der bei der Grundschuld gebrauchte Ausdruck: „Einreden, die dem Beklagten gegen den jedesmaligen Kläger unmittelbar zustehen", welcher aus dem Art. 82 W.O. entlehnt ist, dürfte hier, da man nicht nöthig hat, die aus einer Handlung des früheren Gläubigers gegen den nachfolgenden Gläubiger wegen Bösgläubigkeit oder Arglist des Letzteren begründete exceptio doli hierunter zu begreifen, indem die Einreden, welche dem Erwerber bekannt gewesen sind, allgemein unter eine besondere Kategorie vom Gesetz zusammengefaßt werden, lediglich in dem Sinne zu verstehen sein, wie dies auch Förster (§ 194 Note 144) annimmt, daß die Einrede ihren Ursprung in einem zwischen den Parteien selbst begründeten Rechtsverhältniß hat. Abgesehen von diesen Einreden, welche gleicherweise auch gegen die Klage aus der Hypothek Platz greifen, indem das Gesetz bei der Hypothek nur von Beschränkung der Einreden gegenüber einem

Dritten, der ein Recht auf die Hypothek erworben hat, redet, welche Einreden hier jedoch nicht weiter interessiren, indem nur die Beschränkung des Uebergangs der Einreden darzustellen ist, sind gleichmäßig gegen die Klage aus einer Hypothek und Grundschuld nur solche Einreden zulässig, welche aus dem Grundbuch sich ergeben oder dem Kläger bei Erwerb des Rechts, d. i. spätestens bei Erwerb des dinglichen Rechts bekannt gewesen sind.

Für Grundschulden besteht die Besonderheit, daß statt der Einreden, die aus dem Grundbuch sich ergeben, nur Einreden, die aus dem Grundschuldbrief sich ergeben, zugelassen werden. Da der Grundschuldbrief nur eine Abschrift des Grundbuchs darstellt, so folgt aus jener Bestimmung, wie Förster (§ 194 Bd. III S. 437) hervorhebt, daß die fehlerhafte Abschrift einen stärkeren Glauben, als die richtige Urschrift hat. Dieser Rechtssatz, welcher, wie Förster (a. a. O.) mit Recht bemerkt, weder logisch richtig, noch durch besondere praktische Gründe gerechtfertigt ist, indem dem durch die fehlerhafte Abschrift geschädigten Grundschuldgläubiger durch den ihm gegen die Grundbuchbeamten und subsidiär gegen den Staat zustehenden Regreßanspruch ausreichender Schutz gewährt wäre, erleidet dann eine selbstverständliche Einschränkung, wenn der Glaube an die Richtigkeit des fehlerhaften Grundschuldbriefes in Kollision tritt mit dem Glauben eines anderen Grundschuldgläubigers an die Richtigkeit des für ihn ausgestellten Grundschuldbriefes oder mit dem Glauben eines Hypothekengläubigers an die Richtigkeit der auf ihn bezüglichen Eintragung im Grundbuche. Da die Letzteren mit demselben Recht auf den öffentlichen Glauben des Grundbuches beziehentlich des Grundschuldbriefes sich berufen können, als der Grundschuldgläubiger, welcher die fehlerhafte Abschrift in Händen hat, so hebt der öffentliche Glaube sich gegenseitig auf und kann deshalb im Verhältniß dieser Gläubiger unter einander, und zwar ganz allgemein, nicht blos, was die Frage der Priorität angeht, nur der richtige Eintrag im Grundbuch, als der Urschrift, maßgebend sein. Das Gleiche dürfte wohl auch zu gelten haben, wenn der Grundschuldgläubiger, dem ein fehlerhafter Grundschuldbrief ertheilt ist, in Konkurrenz mit anderen Realgläubigern tritt, welche in gutem Glauben an die Richtigkeit des Grundbuchs Rechte erworben haben.

Ein fernerer Unterschied zwischen Hypotheken und Grundschulden ist von dem Gesetz darin gemacht, daß nur bei Ersteren, nicht aber bei Letzteren, der unentgeltliche Erwerber dem bösgläubigen Erwerber gleich behandelt wird. Der wechselrechtliche Grundsatz, daß es für die Rechte des Wechselgläubigers auf den entgeltlichen oder unentgeltlichen Erwerb desselben nicht ankommt, ist auch auf die Grundschuld übertragen worden. Die von diesem Grundsatze im Gebiete des Wechselrechts für den Fall zugelassene Ausnahme, daß der Wechselgläubiger in Wirklichkeit nur Mandatar seines Indossanten ist, wird gleicherweise auch für die Grundschuld anzuerkennen sein.

Die Kategorie derjenigen Einreden, an deren Entstehen den Schuldner keine Schuld trifft, ist ebensowenig für Hypotheken und Grundschulden im Gesetze vorgesehen [40]), als ihrer im Art. 82 W.O. oder Art. 303 H.G.B. gedacht wird. Die zu dieser Kategorie gehörigen Einreden der Handlungsunfähigkeit, des unüberwindlichen Zwanges und der Fälschung (indem die Eintragungsbewilligung des Schuldners oder der Eintrag im Grundbuche beziehentlich der Grundschuldbrief gefälscht sein kann) können einem jeden Kläger entgegengesetzt werden, auch wenn ihm dieselben bei Erwerb des Rechts nicht bekannt waren. Das Obertribunal (Entsch. Bd. 59 S. 139) hat zwar im Widerspruch mit einer früheren Entscheidung die Zulässigkeit des Einwands der Minderjährigkeit dem gutgläubigen Cessionar gegenüber verneint, da die Zulassung solcher Einreden den Hypothekenverkehr ganz aufheben, jedenfalls sehr erschweren würde. Dem gegenüber ist jedoch zu bedenken, daß nicht bloß das Interesse des Hypothekengläubigers, sondern auch das Interesse des Schuldners, welchem während der Minderjährigkeit die nöthige Einsicht für das von ihm eingegangene Rechtsgeschäft vielleicht vollständig ermangelt hat, Anspruch auf Berücksichtigung hat, daß dieser Einwand unbedenklich gegenüber einer Klage aus dem Wechsel oder Inhaberpapier zugelassen wird und daß nicht einzusehen ist, weshalb der Verkehr mit Hypotheken oder Grundschulden eine größere Begünstigung verdient, als der Verkehr mit den vorgenannten Handelspapieren.

Die vorstehend aufgeführten Beschränkungen der Einreden kommen nur dem legitimirten Hypotheken- beziehentlich Grundschuldgläubiger zu Gute, der durch den Eintrag im Hypothekenbuche beziehentlich auf dem Grundschuldbriefe, eventuell in Verbindung mit anderen, seine

---

[40]) Auch damit ist nichts gewonnen, wenn man diese Einreden unter dem Ausdruck: „Einreden, welche dem Beklagten gegen den jedesmaligen Kläger unmittelbar zustehen" mitbegreifen wollte, da das Gesetz diese Art Einreden nur für die Grundschuld, nicht für die Hypothek kennt, für die letztere jedoch die Zulassung der vom Schuldner nicht verschuldeten Einreden ebenfalls ein Bedürfniß ist.

Nachfolge vom eingetragenen Gläubiger nachweisenden öffentlichen Urkunden legitimirt ist[50]). Einwendungen gegen die Legitimation des Gläubigers können von dem Schuldner unbeschränkt erhoben werden. Auch derjenige Gläubiger, der ein dingliches Recht an der Hypothek oder Grundschuld hat, wie Nießbrauch, Pfandrecht, kann die Begünstigung des § 38 für sich in Anspruch nehmen. Betreffs des Pfandgläubigers wird dies von dem Reichsgericht (Bd. 7 S. 240 und Bd. 8 S. 278) verneint und zwar aus dem Grunde, weil der Pfandgläubiger erst durch Cession oder durch exekutorische Ueberweisung der Hypothekenforderung zu dem Hypothekenschuldner in ein unmittelbares Rechtsverhältniß trete, somit in seiner Eigenschaft als Pfandgläubiger die Klage aus der Hypothek im Sinne des § 38 nicht habe. Aus diesem Grunde, dessen Richtigkeit wohl bezweifelt werden dürfte, da der § 38 ausdrücklich die Beschränkung der Einreden zu Gunsten derjenigen Gläubiger aufstellt, welche „ein Recht auf die Hypothek" erworben haben, tritt das Reichsgericht auch der Ansicht entgegen, daß der § 38 auf den Gläubiger, der die Hypothekenforderung seines Schuldners sich nur zur Einziehung zwangsweise hat überweisen lassen, der also an sich nur die Rechte seines Schuldners für sich ausübt, demgemäß auch den gegenüber seinem Schuldner begründeten Einwendungen ausgesetzt ist, um deswillen jetzt Anwendung finde, weil eine derartige Ueberweisung nach der C.P.O. (§ 730) die Pfändung der Post voraussetzt, der Assignatar somit jetzt die Rechte eines Pfandgläubigers hat.

Unbeschränkt zulässig sind nach § 39 daselbst Einreden gegen die dingliche Klage auf Rückstände von Zinsen oder sonstigen Jahresleistungen. Diese Bestimmung darf jedoch, wie vom Reichsgericht (Bd. 4 S. 336) entschieden ist, nur auf cedirte Rückstände von Zinsen oder sonstigen Jahresleistungen bezogen werden. Vorausverfügungen des Gläubigers über noch nicht fällig gewordene Zinsen sind für den gutgläubigen Erwerber der Post (sofern eine Eintragung im Grundbuche beziehentlich auf dem Grundschuldbriefe nicht stattgefunden hat) nicht bindend, da der Erwerber betreffs der nach der Cession fällig werdenden Zinsen dem öffentlichen Glauben des Grundbuchs, welches die Zinspflicht garantirt, vertrauen darf. Aus § 39 darf deshalb auch nicht hergeleitet werden, daß die der Hypothekenforderung bez. Grundschuldforderung gegenüber bestehende Beschränkung der aus der Person eines früheren Gläubigers entstandenen

---

[50]) Nicht erforderlich ist, daß die Legitimation ausschließlich durch den Eintrag im Grundbuche geführt wird, wie dies der Entwurf von 1864 verlangt hatte.

Gegenforderungen (welche nach dem auf Seite 55 dieser Abhandlung Ausgeführtem nur im Falle der bereits bewirkten Abrechnung dem Cessionar, der hiervon Kenntniß hat, entgegengesetzt werden können) durch die Bestimmung des § 39 für die erst nach der Cession fällig werdenden Zinsen hat beseitigt werden sollen.

In diesem Zusammenhange sei schließlich noch angeführt, daß nach den Bestimmungen des Preußischen Landrechts (I. 11 §§ 396 bis 398) der Einwand der Tilgung von dem Schuldner auch bei gewöhnlichen Forderungen dem gutgläubigen Erwerber der Forderung gegenüber nicht erhoben werden kann, wenn der Schuldner bei einer an den Cessionar geleisteten Zahlung u. s. w. es versäumt hat, die Schuldurkunde sich ausantworten zu lassen beziehentlich die Abschlagszahlung auf der Schuldurkunde vermerken zu lassen.[51])

§ 5.
Aeußere Befugniß im Erbrecht.

Nach den Bestimmungen des für den ganzen Umfang der Preußischen Monarchie erlassenen Gesetzes vom 12. März 1869 betr. die Ausstellung gerichtlicher Erbbescheinigungen gewährt die von dem zuständigen Gericht ausgestellte Erbbescheinigung dem in dieser Erbbescheinigung als Erben Aufgeführten die äußere Befugniß, rechtswirksam über den Nachlaß zu verfügen. Diese äußere Befugniß kommt nur zu Gunsten des redlichen Dritten in Anwendung. Weiß der Dritte, daß der in der Erbbescheinigung Aufgeführte nicht der wahre Erbe ist, so kann er aus der Ausstellung der Erbbescheinigung keine

---

[51]) Diese Bestimmung gilt nur für den Fall einer an den Cessionar geleisteten Zahlung, wie dies aus dem Znsammenhang der §§ 396 bis 398 mit dem vorhergehenden § 395 zu schließen ist. Das Gesetz spricht nur von Zahlung, die analoge Anwendung der Bestimmung auf jede Art der Tilgung dürfte jedoch gerechtfertigt sein. Da das Gesetz ganz allgemein „den dritten redlichen Inhaber der Forderung" gegen den Einwand der Zahlung schützen will, so kommt diese Bestimmung zur Anwendung, sowohl, wenn der Cessionar bereits vor der Zahlung die Forderung weiter cedirt hatte, als wenn die Cession nach der Zahlung bewirkt ist. Für den ersteren Fall wird durch diese Bestimmung die sonst dem Cedenten (trotz der erfolgten Cession) zustehende äußere Befugniß ausgeschlossen. Die Bestimmung des Landrechts dürfte auch nicht bloß dem redlichen Cessionar der Forderung, sondern jedem redlichen Erwerber eines dinglichen Rechts an der Forderung, z. B. dem nachfolgenden Erwerber eines Pfandrechts, zu Statten kommen. — Die Bestimmung des § 282 I. 20 A.L.R., welche dem Schuldner die gleiche Verpflichtung bei der Zahlung an den Cedenten zu Gunsten des redlichen Pfandnehmers auferlegte, ist später durch § 2 des Ges. vom 9. December 1809 in Fortfall gekommen.

Rechte erlangen; die mit ihm abgeschlossenen Rechtsgeschäfte braucht der wirkliche Erbe nicht gegen sich gelten zu lassen. Ferner gilt die äußere Befugniß des in der Erbbescheinigung als Erben Benannten nur zu Gunsten derjenigen, welche mit dem dergestalt Legitimirten entgeltliche Rechtsgeschäfte eingegangen sind, mögen dieselben nun aus diesen Rechtgeschäften ein dingliches Recht oder nur ein persönliches Recht für sich erworben haben, oder welche Zahlungen u. s. w. an den als Erben Legitimirten geleistet haben. Bildet dagegen eine freigebige Verfügung den Gegenstand des Rechtsgeschäfts, so ist der wirkliche Erbe nicht gehindert, dieselbe anzufechten. Dem redlichen Dritten wird hier nur insofern ein Schutz gewährt, als er nur auf Höhe der noch vorhandenen Bereicherung haftet.[52])

In dem vorliegenden Falle ist es nicht der Besitz oder die Eintragung in einem öffentlichen Buche u. s. w., welche die äußere Befugniß schafft. Diese Wirkung ist hier einem von der öffentlichen Behörde ausgestellten Atteste beigelegt. Weitere Anwendungsfälle dieses Legitimationsgrundes werden in dem folgenden Abschnitte über die äußere Befugniß in Vertretungsverhältnissen zur Sprache kommen.

Dem Dritten, welcher sich mit dem als Erben Legitimirten in Verhandlungen einläßt, ist durch die Ausstellung der Erbbescheinigung Seitens des zuständigen Gerichts die Pflicht abgenommen, selbst zu prüfen, ob der als Erbe Auftretende auch wirklich erbberechtigt ist. Er darf sich auf den Ausspruch des Gerichts verlassen. Gleichwohl dürfte jedoch nicht anzunehmen sein, daß der Dritte unbedingt dem Ausspruch des Gerichts vertrauen darf und daß er dann, wenn erhebliche Zweifel an die Richtigkeit der Erbbescheinigung an ihn herantreten, sich dabei beruhigen darf, daß das Gericht bereits die Prüfung des Erbrechts vorgenommen hat. Dies dürfte um so weniger anzunehmen sein, als nach der jetzigen Regelung des Erblegitimationsverfahrens[53]) dieses grade keine große Garantie dafür bietet, daß nur

[52]) Ist der redliche Dritte noch im Besitz der ihm übergebenen Sache, so dürfte derselbe in Gemäßheit dieses Prinzipes nur als verpflichtet angesehen werden können, gegen Ersatz der sämmtlichen von ihm auf die Sache gemachten Aufwendungen (nicht bloß der nützlichen Verwendungen) die Sache herauszugeben.

[53]) Es dürfte z. B. als ein Mangel anzuerkennen sein, daß der sich als Erbe Meldende nur *sein* Verwandtschaftsverhältniß durch öffentliche Urkunden nachzuweisen, nicht aber einen vollständigen Stammbaum oder Familienauszug vorzulegen braucht, in welcher von der die Geburtsregister führenden Behörde die sämmtlichen Verwandten gleichen Grades aufzuführen sind. Ob das Gericht, dem die formellen im § 3 des Gesetzes bezeichneten Nachweisungen geliefert sind, welche

dem wirklichen Erben die Erbbescheinigung ertheilt wird. Aber auch bei einer anderen Regelung des Erblegitimationsverfahrens würde immerhin die Prüfung Seitens des Gerichts nur eine unvollkommene sein können, indem dasselbe bei Ausstellung der Erbbescheinigung gar nicht in der Lage ist, die erst nach der Ausstellung bekannt werdenden Thatumstände, welche gegen die Richtigkeit der Erbbescheinigung erhebliche Zweifel erregen, in Betracht zu ziehen. Es wird deshalb wohl behauptet werden dürfen, daß der Dritte, welcher gegründete Ursache hatte, an der Richtigkeit der Erbbescheinigung zu zweifeln und aus grober Nachlässigkeit die aus der Sachlage sich ergebenden Bedenken unberücksichtigt gelassen hat, die durch die Erbbescheinigung gewährte Begünstigung nicht für sich in Anspruch nehmen darf.

Die Erbbescheinigung hat ihre hauptsächlichste Bedeutung für das Grundbuchrecht, da der Grundbuchrichter, sofern das Erbrecht nicht durch Testament oder Erbvertrag nachgewiesen werden kann, oder sofern der Erbe in diesen Urkunden nicht mit der erforderlichen Bestimmtheit bezeichnet ist, das Eigenthum an Grundstücken u. s. w. nur auf Grund der Erbbescheinigung beziehentlich der ergänzenden Erbbescheinigung des zuständigen Richters auf den Erben umschreiben darf. Aber auch sonst wird die Erbbescheinigung vielfach praktisch, da sie die Vorlegung einer solchen regelmäßig von den Behörden, welche über den in ihrer Verwahrung befindlichen Nachlaß zu verfügen haben, welche rückständiges Gehalt an die Erben des Beamten auszuzahlen haben u. s. w., gefordert wird und da auch öfter von Privatpersonen die Legitimation durch Erbbescheinigung in ihrem eigenen Interesse von dem sich als Erben Meldenden verlangt wird.

Die von Förster (Preußisches Privatrecht § 261) gegen das Institut der Erbbescheinigung in seiner allgemeinen Verwendung (abgesehen von der Bedeutung desselben für das Grundbuchrecht) erhobenen Ausstellungen dürften wohl nicht gerechtfertigt sein, da das Institut der Erbbescheinigung nur demselben praktischen Bedürfnisse, den gutgläubigen Verkehr zu schützen, Rechnung trägt, welches auch in den anderen Rechtsgebieten zur Bildung ähnlicher Rechtseinrichtungen geführt hat.

---

für sich betrachtet kein Bedenken ergeben, gleichwohl, weil ihm andere zu Bedenken Veranlassung gebende Umstände bekannt geworden, noch weitere Nachweisungen fordern oder selbst Ermittelungen anstellen darf (abgesehen von dem Erlaß eines Aufgebots), ist nach dem Gesetze fraglich. Jedenfalls machen die Gerichte von einem solchen Rechte nur sehr selten Gebrauch.

§ 6.
Aeußere Befugniß in Vertretungsverhältnissen.

In Vertretungsverhältnissen kommt die äußere Befugniß des (angeblich oder eingeschränkt) Bevollmächtigten in dreierlei Beziehungen in Betracht. Derjenige, der mit dem Willen des Geschäftsherrn eine äußere Stellung einnimmt, welche ihn als Bevollmächtigten erscheinen läßt, gilt um deswillen, ohne daß in Wirklichkeit eine Vollmacht ihm ertheilt zu sein braucht, als bevollmächtigt. Der Bevollmächtigte ferner gilt in gewissen Fällen schon auf Grund dessen, daß er überhaupt Vollmacht hat, für befugt, die zu dem betreffenden Geschäftskreise gehörigen Rechtshandlungen ohne Einschränkung vorzunehmen. Das Erlöschen der (früher ertheilten) Vollmacht endlich kann dem gutgläubigen Dritten nicht entgegengesetzt werden. In allen diesen Fällen fehlt dem als bevollmächtigt „Geltenden" in Wirklichkeit die Berechtigung, und nur im Interesse des Verkehrs, zum Schutze des gutgläubigen Dritten, wird demselben eine äußere Befugniß von dem Gesetz zugestanden.

Schon das römische Recht kennt zum Schutze des Handelsverkehrs (neque enim decipi debent contrahentes l. 11 § 4 Dig. de inst. act. XIV. 3) eine äußere Befugniß des institor[54]) und zwar in allen drei Beziehungen. Der Vorsteher (institor), welcher thatsächlich von dem Geschäftsherrn einem Geschäftslokale (taberna) vorgesetzt ist, gilt auf Grund dieser Anstellung als ermächtigt, die zu dem Betriebe des betr. Handelsgewerbes erforderlichen Rechtsgeschäfte abzuschließen. Dieser Verhaftung kann sich der Geschäftsherr, der denselben angestellt hat, dem gutgläubigen Dritten gegenüber nur entziehen, wenn er

[54]) Von ähnlichen Grundsätzen wird auch die actio exercitoria beherrscht (l. 1 § 1 Dig. de exerc. act. XIV. 1: aequum fuit, cum, qui magistrum navi imposuit, teneri, ut tenetur, qui institorem tabernae vel negotio praeposuit; quum sit major necessitas contrahendi cum magistro, quam institore, quippe res patitur, ut de conditione quis institoris dispiciat et sic contrahat, in navis magistro non ita, nam interdum locus, tempus non patitur plenius deliberandi consilium) durch Abschließung von Rechtsgeschäften durch den Schiffer (magister navis), welche objektiv zur Ausführung der Reise dienen, wird der Geschäftsherr (Rheder) auch dann verpflichtet, wenn in Wirklichkeit die angeschafften Sachen oder Gelder nicht zu diesem Zwecke vom Schiffer verwendet werden (l. 7 pr. eod.). Der Gläubiger hat jedoch wenigstens einige Sorgfalt (aliquam diligentiam) hierbei anzuwenden (l. 7 § 1 eod.). Dieser letztere nur bei der actio exercitoria ausgesprochene Grundsatz dürfte passend auch für die actio institoria anzuwenden sein.

durch einen kundbaren, in gebräuchlicher Sprache abgefaßten Anschlag, welcher von Jedermann vor Abschluß des Geschäfts bemerkt werden mußte, den Abschluß von Geschäften mit dem Angeklagten verboten hat. (l. 11 § 2 eod.) Der institor gilt ferner auch als ermächtigt, alle zu dem Betriebe des Handelsgewerbes, welchem er vorsteht, erforderlichen Rechtsgeschäfte ohne Einschränkung abzuschließen. Eine Beschränkung des institor in der Abschließung bestimmter zu seinem Geschäftskreise gehörigen Rechtsgeschäfte hat gutgläubigen Dritten gegenüber nur Wirksamkeit, wenn die Beschränkung durch kundbaren Anschlag bekannt gemacht ist. Der Schutz des guten Glaubens ist jedoch insofern nicht vollständig durchgeführt, als der Geschäftsherr den institor mit einer Dritte bindenden Wirkung zur Einhaltung bestimmter Bedingungen bei Abschluß bestimmter Rechtsgeschäfte verpflichten kann; nur hat eine solche Beschränkung Dritten gegenüber keine Gültigkeit, wenn der Geschäftsherr für den Abschluß verschiedener Rechtsgeschäfte oder für den Abschluß von Geschäften mit verschiedenen Personen ganz verschiedene durch einander gehende Bedingungen aufgestellt hat, so daß sich der Dritte nicht leicht daraus vernehmen kann. (l. 11 § 5 eod.) Auch derjenige, der nicht allgemein dem Handelsgewerbe, sondern nur einem bestimmten Geschäftszweige vorgesetzt ist, gilt als befugt, alle Rechtsgeschäfte vorzunehmen, welche sich auf die ihm aufgetragene Besorgung beziehen. Hier hat jedoch der Geschäftsherr es in der Hand, die Befugniß des institor auf die Abschließung bestimmter Geschäfte wirksam zu beschränken (l. 5 § 12, 13 eod.). Die Vertretungsbefugniß des dem Betriebe eines Handelsgewerbes vorgesetzten institor erlischt nicht schon durch den Tod des Geschäftsherrn, sofern demselben seine äußere Stellung als Vorsteher von den Erben gelassen wird (l. 11 pr. eod. removendus enim fuit, si nollent opera ejus uti.)

Eine fernere Anerkennung der äußeren Befugniß in Vertretungsverhältnissen findet sich im römischen Recht in der Bestimmung, daß der Schuldner, der auf die Anweisung seines Gläubigers einem Dritten geleistet hat und bei der Leistung sich in Unkenntniß davon befand, daß die Ermächtigung des Dritten zur Empfangnahme durch den späteren Widerruf des Gläubigers oder durch dessen Tod erloschen war, durch diese an den nicht mehr Berechtigten erfolgende Leistung von seiner Schuldverbindlichkeit befreit wird.[55]) (l. 12 § 2 D. de solut. 46, 3. l. 32 eod.)

---

[55]) Dieselbe Entscheidung geben die römischen Rechtsquellen für den Fall,

Weiter entwickelt sind diese den Schutz des gutgläubigen Dritten bezweckende Grundsätze im Preußischen Landrecht und im Handelsgesetzbuch. Das Preußische Landrecht enthält im § 130 I. 13 den Satz, daß derjenige, welchem die Quittung über eine zu bezahlende Summe anvertraut ist, zum Empfange der Zahlung selbst für bevollmächtigt zu erachten ist. Nach dem Wortlaute könnte man diese Bestimmung so auffassen, daß hierdurch bloß eine Auslegungsregel für den Willen des Vollmachtgebers hat gegeben werden sollen, so daß also nur im Zweifel anzunehmen ist, daß derjenige, welcher eine Quittung einem Andern anvertraut, diesem hierdurch zugleich die Vollmacht zur Empfangnahme des Geldes u. s. w. ertheilen will. Nach der Absicht des Gesetzes jedoch, welches bei der Lehre vom Vollmachtsvertrage in vielen einzelnen Bestimmungen das allgemeine Prinzip, daß der redliche Dritte geschützt werden soll, zur Durchführung bringt, dürfte anzunehmen sein, daß die Tragweite jener Bestimmung eine weitergehende ist, und daß auch dann, wenn dem Empfänger der Quittung die Befugniß zur Zahlungsannahme ausdrücklich entzogen ist, der gutgläubige Dritte an denselben mit befreiender Wirkung zahlen darf.

Ferner stellt das preußische Landrecht (§ 113 I. 13) mit Rücksicht auf die der Vollmacht als Legitimationsurkunde gegen Dritte zukommende Bedeutung den Satz auf, daß derjenige, welcher ein mit seiner Namensunterschrift versehenes Vollmachtsblanket ohne Bezeichnung des Geschäfts, zu welchem es bestimmt ist, „aus den Händen giebt", die mißbräuchliche Ausfüllung des Blankets dem gutgläubigen Dritten gegenüber, welcher auf Grund der ausgefüllten Vollmacht Rechte erworben hat, gegen sich gelten lassen muß.

Darüber, welche Einschränkungen in dem Umfange der (wirklich ertheilten) Vollmacht dem gutgläubigen Dritten gegenüber wirksam sind, besondere Bestimmungen zu treffen, hat das Allgemeine Landrecht von seinem Standpunkt aus keine Veranlassung, da es von dem Dritten, der sich in Verhandlungen mit dem Bevollmächtigten einlassen will, fordert, daß derselbe zu seiner Sicherheit eine schriftliche Vollmacht — ohne deren Vorhandensein auch bei einem Objekt unter 50 Thaler keine direkte Klage des Dritten gegen den Vollmachtgeber zugestanden wird (§ 8 daselbst) — von dem Bevollmächtigten sich

---

daß Jemand einem Dritten die Besorgung aller seiner Angelegenheiten aufgetragen hat, da in diesem allgemeinen Auftrage zugleich eine Ermächtigung für den Schuldner liege, an diesen Drritten zu leisten (l. 34 § 3 eod.).

vorlegen lasse. Einschränkungen, die in dieser schriftlichen Vollmacht nicht enthalten sind, sind für das Rechtsverhälniß des Vollmachtgebers zu dem Dritten ohne Wirkung. Die in einer besonderen Instruktion dem Bevollmächtigten auferlegten Beschränkungen kommen dem Dritten gegenüber nur dann in Betracht, wenn die Vollmachtsurkunde ausdrücklich auf diese Instruktion Bezug nimmt und der Vollmachtgeber nicht etwa die Vorzeigung dieser besonderen Instruktion verboten hat[56]) (§ 91 ff. I. 13 A.L.R.). Die sonstigen Bestimmungen, die das Landrecht über den Umfang der Befugnisse des Bevollmächtigten enthält, sind an sich nur Auslegungen des vermuthlichen Willens des Vollmachtgebers, so die Bestimmung, daß der Bevollmächtigte, der zur Uebergabe der zu verkaufenden beweglichen Sache in den Stand gesetzt ist, befugt ist, das Kaufgeld in Empfang zu nehmen (§ 131 I. 13) und die Bestimmungen über Kreditirungsbefugniß des Bevollmächtigten, welche Befugniß dem Bevollmächtigten bei Ausführung solcher Geschäfte zusteht, bei denen gewöhnlich von den Gewerbetreibenden Kredit gegeben wird (§ 139 I. 13, § 127 I. 14 A.L.R.). Diese Bestimmungen sind jedoch zugleich mehr als Auslegungsregeln. Der Dritte darf sich unbedingt auf diese Auslegungsregeln verlassen, da andernfalls, wenn dem Bevollmächtigten ausdrücklich eine beschränktere Vollmacht ertheilt ist, dies als Einschränkung der Vollmacht erscheinen würde, welche, um Dritten gegenüber wirksam zu sein, aus der Vollmachtsurkunde erhellen muß.

Vom Preußischen Landrecht endlich ist der Schutz, den das römische Recht nur dem gutgläubig Zahlung leistenden Schuldner gewährt, verallgemeinert worden. Das Landrecht (§ 200 I. 13) enthält die allgemeine Vorschrift, daß das von einem früher Bevollmächtigten, dessen Vollmacht durch den Tod oder die eingetretene Unfähigkeit des Vollmachtgebers erloschen ist, mit einem Dritten abgeschlossene Geschäft gültig bleibt, wenn der Dritte bei Eingehung des Geschäfts von dem Erlöschen der Vollmacht keine Wissenschaft gehabt hat. Ferner verpflichtet das Landrecht (§§ 166, 167 daselbst) den Vollmachtgeber,

---

[56]) Die gleichen Regeln dürften auch für das gemeine Recht anwendbar sein, wenn der Vollmachtgeber dem Bevollmächtigten eine besondere Vollmachtsurkunde zu seiner Legitimation Dritten gegenüber ausgestellt hat. Der Vollmachtgeber würde hier dolos handeln, wenn er gleichwohl trotz Ausstellung dieser Bestallung den Bevollmächtigten im Verhältniß zu Dritten an besondere in der Vollmachtsurkunde nicht erwähnte Einschränkungen binden wollte. Aehnlich Windscheid „Wille und Willenserklärung" S. 24.

der die von ihm ertheilte Vollmacht widerrufen will, sofern er dem Bevollmächtigten Verhandlungen mit einer bestimmten Person aufgetragen hat oder ihm sonst bekannt ist, mit wem der Bevollmächtigte sich in Verhandlungen eingelassen hat, diesem Dritten von dem Widerruf Nachricht zu geben, widrigenfalls er aus der früher ertheilten Vollmacht verhaftet bleibt.[57])

Was sodann das Handelsrecht betrifft, so begegnen wir auch hier dem Satze (Art. 296 H.G.B.), daß der „Ueberbringer" einer Quittung, das ist der Bringer einer Quittung, welchem dieselbe von dem Aussteller übergeben ist[58]), für ermächtigt gilt, die Zahlung zu empfangen. Der Art. 296 fügt die Einschränkung bei, „sofern nicht die dem Zahlenden bekannten Umstände der Annahme einer solchen Ermächtigung entgegenstehen." Der Schutz des Art. 296 wird also nur dem gutgläubigen Dritten zu Theil, welcher nicht aus grober Nachlässigkeit sich in gutem Glauben befindet. Nach Art. 296 ist der Dritte zwar nur verpflichtet, die „ihm bekannten" der Ermächtigung entgegenstehenden Umstände zu berücksichtigen, hieraus ergiebt sich jedoch zugleich für ihn die Verpflichtung, sobald er nach ihm bekannten Umständen Zweifel haben muß, — wenn er sich nicht der Zahlung an den Ueberbringer, dessen Berechtigung ihm zweifelhaft geworden ist, gänzlich enthalten will, — Nachforschungen anzustellen, um sich von

---

[57]) Eine Verpflichtung des Vollmachtgebers, bei Widerruf der Vollmacht die dem Bevollmächtigten ertheilte Vollmachtsurkunde sich von diesem zurückgeben zu lassen, damit Dritte nicht getäuscht werden, ist im Preußischen Landrecht nicht aufgestellt. Dieser Satz hat jedoch für das Wechselrecht vom Reichsoberhandelsgericht Anerkennung gefunden, welches (Bd. 16 S. 337) entschieden hat, daß Widerruf der Vollmacht ohne Abnahme derselben dem dritten Gutgläubigen nicht entgegensteht, und auch im Grundbuchrecht, wo man den Bevollmächtigten durch Vorlegung der Vollmachtsausfertigung als legitimirt ansieht, geht man in der Praxis wohl allgemein von der Anschauung aus, daß die auf Grund der nicht zurückgenommenen Vollmachtsausfertigung von dem Bevollmächtigten abgegebenen Erklärungen, sofern dieselben bereits zu Eintragungen in das Grundbuch geführt haben, für den Vollmachtgeber, auch wenn derselbe die Vollmacht widerrufen haben sollte, verbindend sind.

[58]) Bähr („über Irrungen im Kontrahiren" in Ihering's Jahrbüchern Bd. 14 S. 413 ff.) hält allgemein für das gemeine Recht auch den Aussteller einer entwendeten Quittung für verpflichtet, die auf die Quittung von dem gutgläubigen Schuldner geleistete Zahlung anzuerkennen. Er verkennt jedoch dabei, daß es nicht Aufgabe des Gesetzes sein kann, einseitig den dritten Gutgläubigen zu schützen, wenn hierdurch für den Berechtigten ein unbilliger, von dem Berechtigten in keiner Art und Weise verschuldeter Nachtheil herbeigeführt wird.

dem Grunde oder Ungrunde der Bedenken wenigstens insoweit zu überzeugen, daß ihm eine grobe Nachlässigkeit nicht vorgeworfen werden kann.[59]) Unter dem im Art. 296 gebrauchten Ausdrucke „Zahlung“ ist übrigens nicht bloß Geldzahlung, sondern die Erfüllung einer jeden Verbindlichkeit zu verstehen.

Ferner bestimmt Art. 50 H.G.B. in Anknüpfung an die im römischen Recht bei der actio institoria geltenden Grundsätze, daß der in einem Laden, einem offenen Magazin oder Waarenlager Angestellte für ermächtigt gilt, daselbst Verkäufe und Empfangnahmen (wie sie gewöhnlich dort geschehen), vorzunehmen. Diese Bestimmung bezieht sich nur auf Angestellte, welche in rechtlichen Verkehr zu dem Publikum treten sollen, nicht auf solche Angestellte, welche nur gewisse faktische Hülfsleistungen zu besorgen haben, wie Komptoirdiener, Hausknecht, Packer u. s. w. Der Schutz des Art. 50 ist im Verhältniß zu den Grundsätzen der actio institoria insofern ein beschränkterer, als der Art. 50 nur Anwendung findet, wenn der Verkauf oder die Empfangnahme im Laden u. s. w. erfolgt ist.[60]) Außerhalb dieser Räume wird dem Geschäftsherrn nicht die Verpflichtung zur Kontrole zugemuthet, daß die nur mit einer beschränkteren Vollmacht ausgestatteten Angestellten ihre Befugnisse nicht überschreiten. Komptoirkäufe fallen nicht unter den Art. 50 und ist hierdurch dem Art. 50 hauptsächlich nur für den Detailhandel Anwendbarkeit gegeben. Geschützt wird auch im Falle des Art. 50 nur der gutgläubige Dritte; dem Gutgläubigen kann derjenige, der aus unverzeihlicher Sorglosigkeit die ihm Verdacht erweckenden Umstände, z. B. das auffällige Verhalten eines Angestellten, der sonst niemals Geld angenommen hat, jetzt aber plötzlich zur Geldannahme bereit ist, völlig außer Acht läßt, nicht gleichgestellt werden. Die bei der Lehre von der actio institoria dargestellten Grundsätze über Ausschließung der Verhaftung

[59]) Für die vorstehend erörterten Anwendungsfälle der äußeren Befugniß in Vertretungsverhältnissen nach A.L.R. wird man dagegen nach allgemeinen Grundsätzen nur behaupten können, daß derjenige, welcher eine an Arglist grenzende Nachlässigkeit sich hat zu Schulden kommen lassen (culpa lata dolo proxima) — soweit nicht aus der Natur des einzelnen Rechtsverhältnisses sich ein Anderes ergiebt — dem Schlechtgläubigen gleichsteht. Der § 15 I. 7 A.L.R. kann hier natürlich nicht zur Anwendung kommen.

[60]) Darüber hinaus ist der Geschäftsherr nach den Grundsätzen von den stillschweigenden Willenserklärungen dann verhaftet, wenn er wissentlich duldet, daß von dem Angestellten auch außerhalb jener Räume Geschäfte abgeschlossen werden oder daß von einem Nichtangestellten Geschäfte geschlossen werden.

des Geschäftsherrn durch öffentlichen Anschlag dürfen auch auf das verwandte Rechtsverhältniß des Art. 50 übertragen werden.[61])

Der Umfang der Befugnisse eines Bevollmächtigten ist von dem Handelsgesetzbuch in den meisten Fällen derart geregelt, daß das Gesetz für die Befugniß des Bevollmächtigten nach außen hin feste Normen aufstellt, auf welche der Dritte sich verlassen kann, während das Rechtsverhältniß nach innen, zwischen dem Bevollmächtigten und Vollmachtgeber, der freien Vereinbarung der Parteien unterliegt.

Nach Art. 42 ist der Prokurist zu allen Arten von Rechtshandlungen befugt, welche der Betrieb des Handelsgewerbes, für welches die Prokura ertheilt ist, mit sich bringt, mit Ausnahme jedoch von Veräußerungen und Belastungen von Grundstücken. Nach Art. 114 ist jeder zur Vertretung der offenen Handelsgesellschaft befugte Gesellschafter ermächtigt, alle Arten von Rechtshandlungen im Namen der Gesellschaft vorzunehmen, ohne die für Prokuristen geltende Beschränkung. Dasselbe gilt nach Art. 167 und 196 für die Vertretung der Kommanditgesellschaft und der Kommanditgesellschaft auf Aktien durch die persönlich haftenden Gesellschafter. Der Vorstand der Aktiengesellschaft ist nach Art. 231 zur Vertretung der Aktiengesellschaft in allen Angelegenheiten berufen, mit der Maßgabe jedoch, daß die Zeichnung, wenn der Gesellschaftsvertrag nicht ein Anderes bestimmt, durch sämmtliche Mitglieder des Vorstandes zu erfolgen hat.[62]) (Art. 229 Abs. 1.) Der Schiffer ist nach Art. 496 und 497, sobald das Schiff außerhalb des Heimathhafens sich befindet, befugt, mit einer die Haftung des Rheders mit Schiff und Fracht begründenden Wirkung alle Rechtshandlungen vorzunehmen, welche die Ausführung der Reise mit sich bringt, mit einer Beschränkung jedoch bezüglich der Kreditgeschäfte und Bodmereigeschäfte, zu deren Eingehung der Schiffer nur dann und nur insoweit befugt ist, als es zur Ausführung der Reise objektiv nothwendig ist. Endlich sind nach Art. 137 bezw. Art. 172, 205 und 244 die Liquidatoren einer offenen Handelsgesellschaft, einer Kommanditgesellschaft, Kommanditgesellschaft auf Aktien und Aktiengesellschaft, und zwar, wenn nicht etwas Anderes bestimmt ist, nur alle in Gemeinschaft mit einander befugt, alle zur

---

[61]) Entsprechend dem Art 50 ist in Art. 496, 497 betreffs des Schiffers bestimmt, daß dieser „kraft seiner Anstellung" zu den auf Ausführung der Reise bezüglichen Geschäften befugt ist.

[62]) Dieser Grundsatz ist durch §§ 19 und 20 des Ges. vom 4. Juli 1868 auch auf die diesem Gesetz unterstehenden Genossenschaften übertragen.

Auseinandersetzung erforderlichen Rechtshandlungen (Liquidationsgeschäfte) vorzunehmen, wobei nur die eine Beschränkung vom Gesetz beigefügt ist, daß die Veräußerung von unbeweglichen Sachen ohne Zustimmung der sämmtlichen Gesellschafter nur durch öffentliche Versteigerung bewirkt werden darf.[63])

Diese gesetzliche Vollmacht des Prokuristen, des Gesellschafters, des Vorstandes, des Schiffers und der Liquidatoren ist eine dritten Personen gegenüber uneinschränkbare (Art. 43, 116, 231, 244, 138, 172 H.G.B., in welchen Artikeln dies ausdrücklich hervorgehoben ist[64]), derart, daß Beschränkungen des gesetzlichen Umfangs der Vollmacht dritten Personen gegenüber selbst dann keine Wirkung haben, wenn dieselben von der Beschränkung Kenntniß hatten. Nur wenn ein betrügliches Einverständniß zwischen dem beschränkt Bevollmächtigten und dem Dritten obgewaltet hat, kommt die äußere Befugniß des Ersteren dem Dritten nicht zu statten.

Verschieden von den vorbesprochenen Fällen sind diejenigen Fälle, in denen der Gesichtspunkt der „Gewöhnlichkeit" den Maßstab für die dem Bevollmächtigten Dritten gegenüber zustehenden Befugnisse bildet, wie dies für die Vollmacht des Handlungsbevollmächtigten und des Korrespondentrheders bestimmt ist. Nach Art. 47 (vgl. auch Art. 50) erstreckt sich die Vollmacht des Handlungsbevollmächtigten auf alle Geschäfte und Rechtshandlungen, welche der Betrieb eines derartigen Handelsgewerbes oder die Ausführung derartiger Geschäfte (für welche der Bevollmächtigte bestellt ist) *gewöhnlich* mit sich bringt, wobei jedoch Darlehnsgeschäfte, Wechselgeschäfte und Prozeßführung ausgenommen sind. Betreffs des Korrespondentrheders ferner bestimmt Art. 460, daß derselbe zur Vornahme aller Geschäfte und Rechtshandlungen befugt sein soll, welche der Betrieb der Rhe-

---

[63]) Die gleiche Bestimmung enthält § 43 des Genossenschaftsgesetzes vom 4. Juli 1868.

[64]) Betreffs der Vollmacht des Schiffers ist dies zwar im Gesetze nicht ausdrücklich gesagt, doch wird auch hier dieselbe Behandlung einzutreten haben. Diese Ansicht findet auch in dem Wortlaut des Gesetzes eine Stütze, indem es im Art. 496, 497 nicht heißt: Der Schiffer *gilt* als befugt u. s. w., sondern: der Schiffer *ist* befugt u. s. w. Hat der Dritte freilich sichere Kenntniß, daß im konkreten Falle die betreffende Rechtshandlung, welche an sich zu dem Kreise der Rechtshandlungen gehört, auf welche die Vollmacht geht, zu einem außerhalb der Vollmacht liegenden Zwecke eingegangen wird, daß eine Anschaffung des Schiffers, zu welcher derselbe an sich zur Ausführung der Reise befugt sein würde, in Wirklichkeit nicht zur Ausführung der Reise verwendet werden soll, so schadet dem Dritten sein böser Glaube.

derei gewöhnlich mit sich bringt, unter Ausschluß jedoch der Befugniß zu Darlehnsgeschäften, zu Versicherungsgeschäften und zum Verkauf oder zur Verpfändung von Schiff oder Schiffsparten. In diesen Fällen braucht der Dritte, der mit dem Bevollmächtigten sich in Verhandlungen einläßt, nicht dem wirklichen Willen des Geschäftsherrn nachzuforschen; er braucht nur darüber Erkundigungen anzustellen, welche Befugnisse nach dem gewöhnlichen Geschäftsgebrauche ein derartiger Bevollmächtigter zu haben pflegt. Nur für einen Fall hat das Gesetz fixirt, was als gewöhnlicher Geschäftsgebrauch von dem Dritten angesehen werden darf. Nach Art. 49 gilt der Handlungsreisende für ermächtigt, an auswärtigen Orten den Kaufpreis aus den von ihm selbst abgeschlossenen Verkäufen einzuziehen oder Zahlungsfristen zu bewilligen. Der Standpunkt, welchen das Preußische Landrecht bei der Behandlung der Lehre vom Vollmachtsvertrage einnimmt, daß der Dritte verpflichtet sein soll, die Vollmachtsurkunde sich vorlegen zu lassen, ist vom Handelsgesetzbuch gänzlich verlassen, da im Handelsverkehr die Vorlegung der Vollmacht etwas ganz Ungewöhnliches ist, und ist an dessen Stelle der gewöhnliche Umfang einer Vollmacht als das für den Dritten maßgebende Kennzeichen gesetzt worden. Diese Bestimmungen dienen auch hier nur dem Schutz des gutgläubigen Dritten und kann auch hier der Dritte, der bei Hervortreten dringender Verdachtsmomente mit einer an Arglist grenzenden Sorglosigkeit sich über dieselben hinwegsetzt, nicht als gutgläubig angesehen werden.

Der Grundsatz, daß das Erlöschen der Vollmacht dem gutgläubigen Dritten nicht entgegengesetzt werden kann, findet im Handelsrecht allgemeine Anerkennung. In den Fällen, in welchen die Bevollmächtigung nach den Vorschriften des Handelsgesetzbuchs in das Handelsregister eingetragen werden muß, wie bei Bestellung des Prokuristen, Bestellung der Vorstandsmitglieder, Bestellung der Liquidatoren, muß ebenfalls auch der Widerruf der Vollmacht beziehentlich die das Erlöschen der Vollmacht zur Folge habende freiwillige Auflösung der Gesellschaft und das jedenfalls den Inhalt der Vertretungsbefugniß ändernde Ausscheiden eines Gesellschafters durch das Handelsregister veröffentlicht werden. Eine gleiche Veröffentlichung ist vorgeschrieben, wenn die an und für sich bestehende Befugniß des Mitgliedes einer offenen Handelsgesellschaft zur Geschäftsführung ausgeschlossen wird oder die Befugniß der geschäftsführenden Gesellschafter zur Vertretung der offenen Handelsgesellschaft durch Bestellung von Liquidatoren aufgehoben beziehentlich beschränkt wird. Wird diese vorgeschriebene Eintragung des Erlöschens der Vollmacht verabsäumt, so braucht der Dritte, der mit dem früher Bevollmächtigten im Vertrauen auf das Fortbestehen der Vollmacht kontrahirt hat, das Erlöschen nicht gegen sich gelten zu lassen. Aber auch selbst bei gehörig bewirkter Eintragung und Bekanntmachung wird der Dritte geschützt, dem die Eintragung und Bekanntmachung des Erlöschens der Vollmacht unbekannt geblieben ist, sofern derselbe nicht eine grobe Nachlässigkeit sich hat zu Schulden kommen lassen. (Art. 46, 129, 135, 233 H.G.B.[65])

Auch in den Fällen, in welchen das Erlöschen der Vollmacht nicht eingetragen zu werden braucht, wird dem dritten gutgläubigen Kontrahenten ein gleicher Schutz zu Theil. Der Vollmachtgeber bleibt, wie das Reichsoberhandelsgericht Bd. 13 S. 195 entschieden hat, nach Widerruf der Vollmacht dem Dritten, welcher den Widerruf nicht kannte oder kennen mußte, für die Erfüllung der nach dem Widerruf abgeschlossenen Geschäfte verhaftet.

In ähnlicher Weise, wie die Vollmachtsverhältnisse im Handelsgesetzbuch, ist jetzt in der Reichs-Civilprozeßordnung die Vertretungsbefugniß des Prozeßbevollmächtigten, und in der Reichs-Konkursordnung die Vertretungsbefugniß des Verwalters geregelt. Die Scheidung des inneren und äußeren Rechtsverhältnisses ist auch hier vollständig durchgeführt.

Nach § 77 C.P.O. ermächtigt die Prozeßvollmacht zu allen den Rechtsstreit betreffenden Prozeßhandlungen, wozu jedoch die Empfangnahme des Streitgegenstandes nicht zu rechnen ist. Die Beschränkung der Vollmacht hat dem Gegner gegenüber nur insoweit rechtliche Wirkung, als sie die gänzliche oder theilweise Beseitigung des Rechtsstreits durch Vergleich, Anerkenntniß oder Verzicht betrifft. (§ 79 daselbst.) Die Kündigung der Vollmacht wird dem Gegner gegenüber erst durch die Anzeige von der Kündigung (beziehentlich in Anwaltsprozessen erst durch die Anzeige der Bestellung eines andern Anwalts) wirksam (§ 83 daselbst). — Nach § 676 C.P.O. ist der Gerichtsvollzieher durch den Besitz der vollstreckbaren Ausfertigung des Urtheils

[65]) Der Eintragung in das Handelsregister kommt nicht dieselbe Bedeutung zu, wie der Eintragung in das Grundbuch. Die unrichtige Eintragung einer Vertretungsbefugniß im Handelsregister (welche nicht auf unrichtiger Anmeldung beruht) bewirkt allein noch nicht, daß die von dem Vertreter gemäß der Eintragung mit einem redlichen Dritten abgeschlossenen Geschäfte unanfechtbar sind.

dem Schuldner und Dritten gegenüber zur Vornahme der Zwangsvollstreckung und Empfangnahme der verschuldeten Leistungen legitimirt. Der Mangel oder die Beschränkung des Auftrags kann von dem Gläubiger diesen Personen gegenüber (abgesehen von dem Falle der Kollusion) nicht geltend gemacht werden.

Der Verwalter ist verpflichtet, in gewissen Fällen die Genehmigung des Gläubigerausschusses, eventuell der Gläubigerversammlung einzuholen, auch zuvor den Gemeinschuldner zu hören (§ 121—123 R.K.O., § 118 Abs. 1, § 138). Die Nichteinhaltung dieser Beschränkungen hat jedoch nur zur Folge, daß der Verwalter sich der Gläubigerschaft beziehentlich dem Gemeinschuldner verantwortlich macht; die Gültigkeit der Rechtshandlung des Verwalters dritten Personen gegenüber wird durch diese Beschränkungen nicht berührt. (§ 124 daselbst.) Infolgedessen hat der Verwalter nach außen hin eine ganz freie Befugniß. Er legitimirt sich durch die ihm von dem Gericht bei Antritt seines Amts ertheilte Bestallung, welche er nach Beendigung seines Amts dem Gericht zurückzureichen hat. Nur eine, auch nach außen wirkende Beschränkung ist dem Verwalter auferlegt, nämlich im Verkehr des Verwalters mit der Hinterlegungsstelle. Die Anweisungen desselben auf die Hinterlegungsstelle und die von ihm der Hinterlegungsstelle ertheilten Quittungen bedürfen nach § 125 R.K.O., sofern ein Gläubigerausschuß bestellt ist und die Gläubigerversammlung nicht ein Anderes beschlossen hat, zu ihrer Gültigkeit der Mitzeichnung eines Mitgliedes des Gläubigerausschusses. Mit Rücksicht auf diese Bestimmung entsteht, da das Vorhandensein der Voraussetzungen des Fortfalls jener Beschränkung aus der dem Verwalter ertheilten Bestallung nicht ersehen werden kann, das Bedürfniß, eine äußere Legitimationsform für den Verwalter zu schaffen, bei deren Innehaltung die Hinterlegungsstelle gegen Inanspruchnahme wegen mangelnder Berechtigung des Verwalters gesichert ist. Diesem Bedürfnisse ist durch die Vorschriften des § 33 der Hinterlegungsordnung vom 14. März 1879 Rechnung getragen. Die Hinterlegungsstelle ist hiernach unbedingt gesichert, wenn die Aufsichtsbehörde, d. i. das als Konkursgericht fungirende Amtsgericht, die Empfangnahme durch den Verwalter genehmigt hat oder wenn von dem Konkursgericht bescheinigt ist, daß ein Gläubigerausschuß nicht bestellt ist. Der in dieser Art legitimirte Verwalter ist der Hinterlegungsstelle gegenüber zu Verfügungen über die hinterlegten Gelder u. s. w. befugt, auch wenn in Wirklichkeit die Bescheinigung des Amtsgerichts eine un-

6*

richtige, ja selbst eine gefälschte sein sollte und die Berechtigung daher zur Verfügung beziehentlich zur alleinigen Verfügung dem Verwalter ermangelt.

Zum Schutze des redlichen Dritten hat das Preußische Landrecht auch in der Lehre vom ehelichen Güterrecht Vorsorge getroffen. Der Dritte soll sich darauf verlassen dürfen, daß dasjenige eheliche Güterrecht, welches an dem Orte gewöhnlich ist, d. i. an diesem Orte landesüblich oder ortsüblich, (soweit die Eheleute nicht ausdrücklich ein anderes Güterrecht eingeführt haben), Geltung hat, für die Rechtsverhältnisse der an diesem Orte wohnenden Eheleute nach außen hin zur Anwendung kommt und daß dem Ehemann beziehentlich der Ehefrau diejenige Vertretungsbefugniß nach außen zusteht, welche aus diesem Güterrechte folgt. In Gemäßheit dieses Grundsatzes muß die Ausschließung der an dem Orte, wo die Eheleute ihren ersten Wohnsitz genommen oder wohin dieselben später ihren Wohnsitz verlegt haben, geltenden Gütergemeinschaft, ebenso auch die spätere Aufhebung der Gütergemeinschaft, welche mit einer über das Rechtsverhältniß der Eheleute unter einander hinausgehenden Wirkung — abgesehen von den hier nicht interessirenden Fällen, daß die Eheleute nach einem Orte, wo Gütergemeinschaft nicht gilt, verziehen, oder die Gütergemeinschaft nur eine vertragsmäßig eingeführte war[66]) — nur in den besonderen Fällen der §§ 392, 410 und 421 II. 1 im Interesse des durch Einführung der Gütergemeinschaft benachtheiligten Ehegatten zulässig ist, um gegen dritte Gutgläubige Wirksamkeit zu haben, durch dreimalige, innerhalb vier Wochen zu bewirkende Einrückung in die Zeitungen oder Amtsblätter des betreffenden Oberlandesgerichtsbezirks, außerdem auch zum Zweck der Wirksamkeit gegen Gläubiger eines Kaufmanns durch Eintragung in das Handelsregister und zum Zwecke der Wirksamkeit gegen Realgläubiger durch Eintragung in das Grundbuch veröffentlicht werden. Wird die Veröffentlichung binnen 8 Wochen nach Abschluß der Ehe bei dem Gericht des Wohnorts beantragt, so soll die Ausschließung der Gütergemeinschaft bereits

[66]) Das A.L.R. (§ 422 a. a. O.) verlangt die Veröffentlichung zwar in allen Fällen der Ausschließung oder Aufhebung, dieselbe ist jedoch, wenn Eheleute nach einem Orte, wo Gemeinschaft nicht gilt, verziehen, nicht nöthig, da dritte Personen hier keinen Grund haben, an das Bestehen der Gütergemeinschaft zu glauben, und bei Aufhebung der vertragsmäßig eingeführten Gütergemeinschaft wohl nur im Verhältniß zu solchen Personen nöthig, welche früher auf Grund der damals noch bestehenden Gütergemeinschaft sich in Verhandlungen mit den Eheleuten eingelassen hatten und deshalb annehmen durften, daß die Gütergemeinschaft noch fortbestehe.

von dem Tage der Eheschließung an Wirkung haben. (A.L.R. II. 1 §§ 422 ff., § 4 des Ges. vom 20. März 1837, Art. 20 des Einf.G. zum Handelsgesetzbuche vom 24. Juni 1861.) Dieselben Grundsätze haben Anwendung zu finden, wenn die Gütergemeinschaft nicht allgemein, sondern nur bezüglich bestimmter einzelner Vermögensgegenstände ausgeschlossen wird. Für den Fall, daß das Recht der Gütertrennung von den Eheleuten ausgeschlossen wird, ist die gleiche Bestimmung nicht gegeben und liegt auch in diesem Falle zu einer solchen Bestimmung kein Bedürfniß vor, da die Vertretungsbefugniß des Ehemannes bei Gütergemeinschaftsrecht eine weitergehende ist.

Der Schutz des redlichen Dritten ist auch maßgebend gewesen für die Bestimmungen im §§ 233 und 379 daselbst, wonach der Ehemann nur bei Verfügungen über solche Kapitalien, welche auf den Namen der Frau (oder ihres Erblassers oder Geschenkgebers) geschrieben sind, nicht allgemein bei Verfügungen über die der Ehefrau gehörigen Kapitalien an die Genehmigung der Frau gebunden ist, und für die für das Recht der Gütertrennung geltende Bestimmung des § 240 daselbst, wonach Grundstücke und Gerechtigkeiten, welche während der Ehe aus dem Eingebrachten der Frau angeschafft, oder Kapitalien, welche von diesem Vermögen ausgeliehen sind, nur dann Eigenthum der Frau werden, d. h. im Verhältniß zu Dritten, wenn sie auf ihren Namen geschrieben sind.

Ueber das Verfügungsrecht des Ehemannes und der Ehefrau während stehender Ehe sind von dem Gesetz sowohl für das Recht der Gütertrennung als der Gütergemeinschaft feste Regeln aufgestellt. Werden diese dem einzelnen Ehegatten gesetzlich zustehenden Befugnisse durch Vereinbarung unter den Eheleuten eingeschränkt, so dürfte eine solche Vereinbarung, auch selbst, wenn sie öffentlich bekannt gemacht ist, nur für das Rechtsverhältniß der Eheleute unter einander, nicht aber (abgesehen von der selbstverständlichen Ausnahme, wenn Kollusion vorliegt), nach außen hin Wirkung haben. Nur in einem Falle tritt eine Ausnahme ein. Der Ehemann ist berechtigt, seiner Ehefrau, wenn dieselbe aus ungerechtfertigter Ursache Waaren oder Sachen zu gewöhnlichen Haushaltungsgeschäften auf Borg entnommen hat, ihr die Befugniß, derartige Schulden zu machen, zu entziehen. Diese Entziehung hat dritten Gutgläubigen gegenüber aber auch nur dann Wirkung, wenn dieselbe von dem Gericht auf Antrag des Ehemannes öffentlich bekannt gemacht ist (§§ 322, 323 II. 1 A.L.R.).

Der Gegensatz zwischen Berechtigung und äußerer Befugniß tritt ferner in der Rechtsstellung des Vormundes, wie solche in der Preußischen Vormundschaftsordnung vom 5. Juli 1875 bestimmt ist, in Erscheinung. Die dem Vormund nach der Vormundschaftsordnung auferlegten Beschränkungen seiner Verfügungsbefugniß (indem zu gewissen Rechtsgeschäften die Genehmigung des Gegenvormundes beziehentlich des Vormundschaftsgerichts nothwendig ist) binden den Vormund — im Gegensatz zu der dem Verwalter durch die Reichskonkursordnung gegebenen Stellung — auch in seinem Verhältniß nach außen. Hiervon ist jedoch durch § 47 Abs. 2 Vorm.O. eine Ausnahme eingeführt. Der § 47 Abs. 2 bestimmt nämlich, daß die von dem Vater des Mündels angeordnete Befreiung des Vormundes von der Nothwendigkeit der Genehmigung des Gegenvormundes oder des Vormundschaftsgerichts erst durch die in der Bestallung ausgedrückte Ermächtigung zur Vornahme der bezeichneten Rechtshandlungen wirksam wird. Das Vormundschaftsgericht erhält hierdurch Gelegenheit, zuvor eine Prüfung über die Echtheit, Ernstlichkeit und Tragweite der betreffenden letztwilligen Verfügung vorzunehmen (vgl. Dernburg, Das Vormundschaftsrecht § 33). Nach dem Willen des Gesetzes soll somit nicht die Auffassung des Dritten, der mit dem Vormund in Rechtsverkehr tritt, sondern die Auffassung des Vormundschaftsrichters, der in der Bestallung das Resultat seiner Prüfung zum Ausdruck zu bringen hat, maßgebend sein. Hiernach wird man auch annehmen dürfen, daß dritte Personen, wenn in Folge falscher Auffassung des Vormundschaftsrichters dem Vormunde mit Unrecht in der Bestallung eine befreiende Ermächtigung ertheilt ist, auf diese Auffassung des Vormundschaftsrichters sich verlassen dürfen und gegen Anfechtung der in diesem Vertrauen mit dem Vormund eingegangenen Rechtsgeschäfte gesichert sind. Man wird überhaupt aus § 47 das allgemeine Prinzip herleiten dürfen, daß der Vormund nach außen hin diejenige Rechtsstellung hat, welche ihm der Vormundschaftsrichter in der Bestallung gegeben hat. Nach diesem Gesichtspunkt ist auch die vielbestrittene Frage über die Befugniß des Vormundes Dritten gegenüber, beim Fehlen eines Gegenvormundes die der Genehmigung des Gegenvormundes an sich unterliegenden Rechtsgeschäfte selbstständig einzugehen, zu entscheiden. Da die Bestellung eines Gegenvormundes nach dem Gesetz nicht nothwendig überall eintritt, vielmehr die Bestellung eines Gegenvormundes neben dem Vormunde bei Vormundschaften ohne Vermögensverwaltung (beziehentlich, wie die Praxis annimmt, mit nur geringer Vermögensverwaltung) in das Ermessen des Vormundschaftsgerichts gestellt ist, so wird man die in der Bestallung des Vormundes (welche zugleich über Bestellung oder Nichtbestellung eines Gegenvormundes Auskunft giebt) über die Frage, ob eine Vermögensverwaltung als vorliegend zu erachten, zum Ausdruck gekommene Auffassung des Vormundschaftsrichters für den Dritten als maßgebend ansehen dürfen, jedoch nur insoweit, als der Dritte vernünftigerweise annehmen durfte, daß der Vormundschaftsrichter diejenigen Thatumstände, welche für seine Entscheidung von Erheblichkeit sind, auch wirklich gekannt hat. Ist dem bisher vermögenslosen Mündel erst nach Ertheilung der Bestallung an den Vormund ein Vermögenserwerb durch Erbschaftsanfall u. s. w. zugekommen, so wird der Dritte, zu dessen Gunsten der Vormund über Nachlaßkapitalien u. s. w. verfügt hat, sich nicht darauf berufen können, daß nach der Vormundschaftsbestallung ein Gegenvormund neben dem Vormunde nicht bestellt worden ist. Es ist hier für den Dritten klar erkennbar, daß der Vormundschaftsrichter durch die frühere Ausstellung der Vormundschaftsbestallung gar keine Entscheidung darüber hat treffen wollen und hat treffen können, ob durch den Erbschaftserwerb das Vorhandensein einer Vermögensverwaltung begründet ist. Mit dieser Einschränkung wird man der Ansicht von Dernburg, daß der Vormund, neben dem ein Gegenvormund nicht bestellt ist, nach außen hin die selbstständige Verfügung über das Kapitalvermögen des Mündels hat, beistimmen dürfen.

Uebrigens ist der vorstehend hervorgehobene Grundsatz nicht bloß für die Stellung des Vormundes bei nicht erfolgter Bestellung eines Gegenvormundes, sondern auch in anderer Hinsicht von Bedeutung. Man denke z. B. an den Fall, daß die Geburtszeit des Mündels in der Bestellung falsch bezeichnet war und in Folge dessen die Vormundschaftsverwaltung nach eingetretener Großjährigkeit noch weitergeführt wird. Auch hier wird der Dritte, der nach diesem Zeitpunkte noch Geschäfte mit dem Vormund in gutem Glauben eingegangen ist, gegen Anfechtung derselben gesichert sein. Daraus allein, daß dem Vormunde nach Beendigung seines Amtes die Bestallung, welcher derselbe nach § 66 der Vorm.O. dem Gericht hätte zurückgeben müssen, von dem Vormundschaftsgericht noch in Händen gelassen ist, kann eine äußere Befugniß des Vormundes, den Mündel noch ferner wirksam zu verpflichten, nicht hergeleitet werden. Die auf die Vormundschaftsbestallung sich gründende äußere Befugniß des Vormundes fällt selbstverständlich auch dann fort, wenn die Bestallung gefälscht sein sollte.

Am Schlusse dieses Kapitels sei noch eine kurze Uebersicht der Anwendungsfälle der äußeren Befugniß in den Vertretungsverhältnissen des öffentlichen Rechts gegeben. Grade für die Verwaltungskörper des öffentlichen Rechts ist es wohl am meisten ein Bedürfniß, bestimmte Legitimationsformen zu schaffen, bei deren Innehaltung eine gültige Verpflichtung des betreffenden Verbandes begründet wird, ohne daß es weiter darauf ankommt, ob im Uebrigen die zum Zustandekommen eines Beschlusses nach der inneren Verfassung des Verbandes nothwendigen Erfordernisse auch wirklich vorhanden sind. Von dem Dritten ist eine so genaue Kenntniß der über die Zusammensetzung der Organe des Verbandes, über die Zuständigkeit derselben u. s. w. geltenden Bestimmungen kaum zu verlangen, außerdem würde dem Dritten, um ihm eine Prüfung in dieser Hinsicht zu ermöglichen, das sämmtliche diesbezügliche Aktenmaterial der Behörde, z. B. auch die Sitzungsprotokolle, aus welchen zu ersehen ist, ob die vorgeschriebene Mitgliederzahl anwesend gewesen ist u. s. w., zur Einsicht vorgelegt werden müssen, was eine große Belästigung für die Behörde zur Folge haben würde. Mit Rücksicht auf diese Schwierigkeit und Umständlichkeit der Legitimationsprüfung sind durchweg erleichternde Formen für den Legitimationsnachweis eingeführt und ist hierdurch eine äußere Befugniß begründet, indem dem Dritten, falls nicht Kollusion vorliegt, nicht der Einwand entgegengesetzt werden kann, daß in Wirklichkeit ein verfassungsmäßiger Beschluß nicht zu Stande gekommen ist. Die hauptsächlichsten hierher gehörigen Bestimmungen des Preußischen Rechts sind folgende:

Zur Verpflichtung der Stadtgemeinde genügt die Unterschrift der Urkunde durch den Bürgermeister oder seinen Stellvertreter und durch ein Magistratsmitglied, außerdem muß, sofern die Genehmigung der Aufsichtsbehörde zu dem betreffenden Rechtsgeschäft nothwendig ist, dieser Beschluß in beglaubigter Form beigefügt sein. Im Uebrigen genügt die Unterschrift der Urkunde durch den Bürgermeister oder seinen Stellvertreter (§ 56 Nr. 8 der Städteordnung für die sechs östlichen Provinzen; gleichlautend ist der § 56 Nr. 8 der Städteordnung für die Provinz Westfalen).

Der Amtsverband wird „nach außen“ durch den Amtsvorsteher vertreten. Urkunden, welche das Amt verpflichten sollen, sind von dem Amtsvorsteher und mindestens einem Mitgliede des Amtsausschusses unter Anführung des betreffenden Beschlusses des Amtsausschusses zu vollziehen (§ 55 der Kreisordnung für die sechs östlichen Provinzen vom 13. December 1872).

Urkunden über Rechtsgeschäfte, welche den Kreis gegen Dritte verbinden sollen, desgleichen Vollmachten müssen unter Anführung des betreffenden Beschlusses des Kreistages beziehentlich Kreisausschusses von dem Landrathe und zwei Mitgliedern des Kreisausschusses bezw. der mit der Angelegenheit betrauten Kommission unterschrieben und mit dem Siegel des Landraths versehen sein (§ 137 Absatz 4 der Kreisordnung). Im Uebrigen vertritt der Landrath den Kreisausschuß nach außen (§ 137 2. Absatz daselbst).

Der Landesdirektor vertritt den Provinzialverband nach außen. Urkunden, mittels deren der Provinzialverband Verpflichtungen übernimmt, müssen unter Anführung des betreffenden Beschlusses des Provinziallandtages bezw. des Provinzialausschusses von dem Landesdirektor und von zwei Mitgliedern des Provinzialausschusses unterschrieben und mit dem Amtssiegel des Landesdirektors versehen sein. Sofern es der Genehmigung der Staatsaufsichtsbehörde bedarf, ist dieselbe in beglaubigter Form beizufügen (§ 91 der Provinzialordnung vom 29. Juni 1875).

Zur Verpflichtung der Kirchengemeinde beziehentlich der der Verwaltung des Gemeindekirchenraths unterstehenden Vermögensmassen genügt (vorbehaltlich jedoch des Erfordernisses der Einwilligung der staatlichen und kirchlichen Aufsichtsbehörden) die Unterschrift des Vorsitzenden des Gemeindekirchenraths oder seines Stellvertreters und zweier Aeltesten, sowie die Beidrückung des Kirchensiegels (§ 22 Abs. 2 der Kirchengemeinde- und Synodalordnung für die sechs östlichen Provinzen). Die gleiche Vorschrift ist im § 19 des Ges. betreffend die Vermögensverwaltung in den katholischen Gemeinden, bei denen das dem Gemeindekirchenrath entsprechende Organ Kirchenvorstand genannt wird, enthalten.

Nach § 32 der Instruktion zur Geschäftsführung der Regierungen vom 23. Oktober 1817 ist bei Regierungsbeschlüssen die Unterschrift dreier Mitglieder des Kollegiums hinreichend.

Die Legitimation des Vorstandes der Innungen wird nach § 88 der Gewerbeordnung vom 21. Juni 1869, an dessen Stelle jetzt § 101 letzter Absatz der Gewerbeordnungsnovelle vom 18. Juli 1881 getreten ist, durch eine amtliche Bescheinigung der Aufsichtsbehörde geführt,[67]) ebenso die Legitimation des Vorstandes einer eingeschriebenen

[67]) Entsprechend ist die Bestimmung im § 35 Abs. 2 des Ges. vom 15. Juni 1883 über die Legitimation des Vorstandes der Krankenkasse.

Hülfskasse nach § 17 Abs. 2 des Ges. vom 7. April 1876 über die eingeschriebenen Hülfskassen durch ein Zeugniß des Vorstandes der Gemeinde, daß die darin bezeichneten Personen zur Zeit als Mitglieder des Vorstandes angemeldet sind. Ein derartiges Attest der Behörde wird vielfach auch in anderen Fällen von Vereinen oder Privatpersonen zum Ausweis ihrer Vertretungsbefugniß benutzt. In diesen letzteren Fällen wird jedoch durch ein solches Attest nicht, wie es bei den Innungen der Fall ist, eine äußere Befugniß der in dem Attest als vertretungsberechtigt aufgeführten Vorstandsmitglieder u. s. w. begründet, vielmehr ist der Dritte bei einer Unrichtigkeit des Attestes lediglich darauf angewiesen, gegen die Aussteller des unrichtigen Attestes, wenn die Voraussetzungen eines Entschädigungsanspruches vorliegen, seinen Regreß zu nehmen.

In dem Vorstehenden sind die verschiedenen Fälle erörtert worden, in denen das Gesetz, um den redlichen Verkehr zu schützen, eine äußere Befugniß gewährt. Außerdem kann aber auch durch den Parteiwillen eine äußere Befugniß geschaffen werden. Die Parteien können vereinbaren, daß eine Berechtigung oder die Beschränkung einer Befugniß nur im Verhältniß zwischen ihnen selbst Gültigkeit haben, im Verhältniß aber zu Dritten keine Wirksamkeit haben soll. So kommt es öfter vor, daß in den Statuten[68]) eines Vereins gewisse äußere Legitimationsformen festgestellt werden, deren Beobachtung genügen soll, um den Verein wirksam dritten Personen gegenüber zu verpflichten. Für diese Fälle einer auf dem Parteiwillen beruhenden äußeren Befugniß wird man allgemein den Grundsatz aufstellen dürfen, daß die äußere Befugniß dadurch allein, daß der Dritte von dem Fehlen der wirklichen Berechtigung Kenntniß hat, noch nicht in Fortfall kommt, da der Dritte nicht berufen und nicht verpflicheet ist, die Interessen des die äußere Befugniß Einräumenden über dessen Willen hinaus zu wahren, daß dagegen die äußere Befugniß hier ebenso wie bei der auf Gesetz beruhenden äußeren Befugniß, durch ein betrügliches Einverständniß zwischen dem Verfügenden und dem Dritten ausgeschlossen wird.

---

[68]) Die Festsetzung solcher Legitimationsformen für die Vertretung nach außen muß nach § 26 Nr. 8 des Ges. vom 6. Juli 1875 betr. Schutzwaldungen und Waldgenossenschaften in dem Statut einer Waldgenossenschaft enthalten sein, ebenfalls nach § 12 Nr. 7 und § 56 Nr. 8 des Ges. vom 1. April 1879 betr. die Bildung von Wassergenossenschaften in dem Statut einer Wassergenossenschaft.

Nachtrag.

Zu dem auf S. 49 über das Verhältniß des jüngeren Cessionars zu dem älteren Cessionar Gesagten sei noch hinzugefügt, daß bei Abtretung einer Hypothek (oder Grundschuld) der im guten Glauben befindliche jüngere Cessionar, dem zugleich der Hypothekenbrief übergeben ist, dem älteren Cessionar vorgeht, welcher den Hypothekenbrief nicht übergeben erhalten hat. Diesem in der preußischen Praxis anerkannten Rechtssatze (zu dessen Rechtfertigung man sich nicht erst auf die nur für bewegliche Sachen gegebenen Bestimmungen des A.L.R. I. 10 § 21—23 zu berufen braucht) liegt eine äußere Befugniß des Besitzers des Hypothekenbriefes zu Grunde, welche sich an die äußere Befugniß des Besitzers eines Wechsels oder Ordrepapiers anschließt, welche jedoch beschränkter ist als diese, da sie den redlichen Erwerber nicht allgemein gegen Anfechtung wegen mangelnden Rechts des Abtretenden, sondern nur gegen Anfechtung wegen des aus einer früheren Abtretung folgenden Mangels des Forderungsrechts des Cedenten sichert. (Vergl. das in Gruchot's Beiträgen Bd. 27 S. 918 abgedruckte Erkenntniß des Reichsgerichts.) — Siehe auch die Ausführungen auf S. 52 a. E. über das dem Hypothekenschuldner gegenüber stattfindende ganz analoge Rechtsverhältniß.

Berichtigung.

In dem Verweisungsvermerk auf S. 11 in Note 7 muß es statt S. 13 „S. 16" und auf S. 14 Z. 19 v. o. statt S. 45 ff. „S. 49 ff." heißen.

FSC
www.fsc.org
MIX
Papier | Fördert
gute Waldnutzung
FSC® C083411

Kolibri 360 GmbH
Ferdinand-Jühlke-Straße 7
99095 Erfurt, Deutschland
produktsicherheit@kolibri360.de